INHALT

ENTSPANNT LEBEN WIE EIN BUDDHA

Finanzkrise, Wirtschaftskrise, Staatsschulden, Arbeitslosigkeit, Klimakatastrophe und zunehmende Armut: Wie soll man angesichts solcher Umstände entspannt bleiben?

Abgesehen davon muss jeder sich irgendwann mit Krankheit, Alter und Tod auseinandersetzen. Die Medizin hat viele Fortschritte zu verzeichnen, aber es ist ihr nicht gelungen, alle Krankheiten zu heilen. Im Gegenteil: Neue sind dazugekommen. Aids ist eine Gefahr, die vor Jahrzehnten noch unbekannt war. Immer mehr Menschen leiden unter Allergien und Unverträglichkeiten. Neurodermitis, chronisches Müdigkeitssyndrom, Fibromyalgie: eine Reihe von körperlichen Beschwerden, die neu auftreten oder zunehmen. Nicht zu vergessen die altbekannten Zivilisationskrankheiten, häufig bedingt durch Bewegungsmangel, Übergewicht und Stress.

So viele tatsächliche und mögliche Belastungen! Da scheint ein entspanntes Leben nur ein frommer Wunsch zu sein. Aber trifft das wirklich zu? Sind wir den Zeitumständen hilflos ausgeliefert?

Auch wenn es uns so vorkommen mag: Wirklich neu ist unser Leiden nicht. Der buddhistische Mönch Nyanaponika (1901–1994) zitiert in seinem Buch ›Geistestraining durch

9

Achtsamkeit‹ aus einer jahrtausendealten Sammlung buddhistischer Texte Folgendes:

»Stets voller Furcht ist dieses Herz,
Stets voll Besorgnis ist der Geist
Durch Nöte, welche droh'n und solche, welche sind.
Furchtfreies Leben, gibt es solches denn?«

Angst und Sorgen, Ärger und Hilflosigkeit machen uns
das Leben schwer. Es sieht so aus, als sei es jedem Menschen, egal zu welchen Zeiten er lebt, aufgegeben, Lösungen für diese Probleme zu finden.

Wie geht man mit belastenden Situationen und den sie
begleitenden Gedanken und Gefühlen am besten um? Gibt
es einen Ausweg, der jederzeit zugänglich ist?

Die Antworten, die ich Ihnen in diesem Buch anbiete,
stammen aus verschiedenen Quellen. Die moderne Psychologie hat inzwischen viele Erkenntnisse gewonnen, die jedem
helfen können, sich von seinen Problemen nicht überwältigen zu lassen, sondern ein Stück weit über ihnen zu stehen.
Ein entspanntes Leben trotz der unvermeidbaren Schwierigkeiten des Alltags muss kein unerfüllbarer Traum bleiben.

Unter all den Menschen, die leben oder gelebt haben,
ragt der Buddha als ein Vorbild an freundlicher Gelassenheit
heraus. Wie ist es ihm gelungen, vor 2500 Jahren schon in-
mitten einer Welt voller Leid die Kunst, über den Dingen
zu stehen, zu entwickeln? Was ist davon heute noch gültig?
Auch damit werden wir uns beschäftigen.

›Entspannt wie ein Buddha‹ bietet somit eine Synthese
aus jahrtausendealten, bewährten Praktiken, wie man trotz
allen Leids in der Welt innere Ruhe bewahrt bzw. sie wieder-

ENTSPANNT LEBEN WIE EIN BUDDHA

findet, und den neuesten wissenschaftlich getesteten Psychotherapien, die sich als wirksame Hilfe für ein erfülltes, glückliches und entspanntes Leben erwiesen haben.

Sie finden in den nächsten Kapiteln folgende Themen:

1. Alles eine Sache der Aufmerksamkeit
In der Biofeedback-Forschung ist seit Jahrzehnten bekannt, dass die Alphawellen im Gehirn mit wacher, entspannter Aufmerksamkeit gleichzusetzen sind. Wie gelangt man in diesen angenehmen Zustand?

2. Meditieren – aber richtig
Meditation ist eine weitere Möglichkeit, um inneren Frieden zu erfahren. Aber nicht jeder, der meditiert, ist im Alltag ein entspannter Mensch. Was fehlt?

3. Das Denken entspannen
Seit Mitte der 1950er-Jahre hat sich insbesondere in den USA eine Therapieform entwickelt, die sich als wirksame Hilfe gegen Depressionen und Angststörungen erwiesen hat: die Kognitive Verhaltenstherapie. Sie ist auch sehr gut geeignet, um mit dem alltäglichen Stress besser fertig zu werden. Welche Grundsätze hat die Kognitive Verhaltenstherapie formuliert und wie wendet man sie an?

4. Das wahre Leben
Aus einer bestimmten Technik der Kognitiven Verhaltenstherapie hat sich ein neuer Ansatz herausgebildet, die Acceptance and Commitment Therapy. Was verbirgt sich hinter diesem Namen? Wie trägt sie dazu bei, ein entspanntes und erfülltes Leben zu führen?

5. Die Kunst, über den Dingen zu stehen
Aus einem neuen Verständnis des Selbst kann die Fähig-

keit erwachsen, Probleme aus einer anderen Perspektive zu sehen. Diese bekommen dann einen anderen Stellenwert und bedrücken einen weniger. Und Sie finden eine überraschende Antwort auf die Frage: Wer bin ich?

6. Wie der Buddha zum entspannten Leben fand

Aus der Biographie des Buddha lassen sich weitere Strategien ableiten, die jeder für sein eigenes Leben nutzen kann, ohne Mönch oder Nonne oder überhaupt ein Buddhist zu werden. Siddhartha Gautama, der später der Buddha, das heißt der Erwachte, genannt wurde, hat sich selbst einfach als einen bezeichnet, »der den Weg gegangen ist«. Er war der Ansicht, dass jeder Mensch denselben Schutz gegen die vielfältigen Formen des allgegenwärtigen Leidens entwickeln könne.

7. Lernen: der Schlüssel zur Gelassenheit

Eine völlig unterschätzte Strategie gegen den Stress ist das Lernen. Nicht umsonst sagt man, dass das Leben der beste Lehrmeister ist. Indem Sie Ihre eigenen Erfahrungen betrachten, können Sie entdecken, was Ihnen am besten hilft, ein entspanntes Leben zu führen. Leider vergisst man oft, dass man den Schlüssel zur Gelassenheit gelegentlich bereits in der Hand hielt. Wie kann man sich die eigenen positiven Erfahrungen im Umgang mit Stress wieder zugänglich machen?

8. Anfangen – jetzt!

Die besten Ratschläge, egal woher sie stammen, bleiben jedoch wirkungslos, wenn es einem nicht gelingt, sie täglich anzuwenden. Deshalb braucht man zusätzlich eine Anleitung, um die guten Vorsätze, endlich entspannter zu leben, in die Tat umzusetzen. Wie es wirklich geht, steht in diesem Kapitel.

Ich möchte Ihnen auch sagen, was Sie in diesem Buch nicht finden. Ich schildere keine Entspannungsverfahren wie Autogenes Training oder Progressive Muskelentspannung. Ich habe nichts gegen diese Methoden. Im Gegenteil, ich möchte Ihnen sehr ans Herz legen, eine körperliche Entspannungsmethode zu erlernen. Zu diesem Thema existieren jedoch bereits zahlreiche Bücher, sodass keine Notwendigkeit besteht, ein weiteres dazu zu schreiben. Wer sich dafür interessiert, kann mithilfe der im Literaturverzeichnis genannten Titel in diese Themen einsteigen.

Entspannung kann man auf verschiedenen Wegen erlangen. In diesem Buch beschreibe ich vor allem, wie man seinen Geist und die Gefühle entspannen kann. Außerdem scheint es mir wichtig, auch die Lebensumstände einzubeziehen. Jedem dürfte klar sein, dass man in einem Kriegsgebiet, wo dauernd Bomben explodieren und Schüsse zu hören sind, kein gelassenes Leben führen kann, das diesen Namen wirklich verdient. Aber auch dort, wo kein Krieg herrscht, ist die Harmonie oft so empfindlich gestört, dass keine richtige Entspannung möglich ist. Denken Sie z. B. an zerstrittene Familien, durch ein giftiges Betriebsklima zerrüttete Firmen oder Gegenden, die durch den Verkehrslärm von Autos, Eisenbahnen oder Flugzeugen so beeinträchtigt sind, dass Erholung schwerfällt oder unmöglich wird. Jedes Lebewesen braucht eine Umgebung, in der es gedeihen kann, nicht nur überleben, sondern auch aufblühen kann. Von den Voraussetzungen für ein entspanntes Leben, die über Autogenes Training und Progressive Muskelentspannung hinausgehen, handeln die folgenden Kapitel.

1. ALLES EINE SACHE DER AUFMERKSAMKEIT

Was die Gehirnwellen mit Entspannung zu tun haben

Während man früher die verschiedenen Stufen der Aufmerksamkeit und Entspannung bei sich und anderen nur mit den Sinnen beobachten konnte, ermöglicht die moderne Medizintechnik heute die Messung der Gehirnaktivität mit eigens dafür entwickelten Geräten.

Jeder Mensch weiß – wenn er darauf achtet –, ob er munter oder schläfrig ist. Auch die verschiedenen Grade der Wachheit sind fühlbar. Während des Schlafs verlieren wir zwar unser Wachbewusstsein für ein paar Minuten oder Stunden, aber wir merken es gerade noch, wenn wir dabei sind einzuschlafen. Das Denken wird langsamer und traumhafter. Dann setzt das wache Bewusstsein vorübergehend aus. Zeitweise träumen wir während des Schlafs. Daran können wir uns manchmal erinnern, wenn wir aufwachen.

Ebenso haben wir ein Bewusstsein davon, wie es ist aufzuwachen. Wenn uns nicht gerade der Wecker aus dem Schlaf reißt, pendeln wir eine Weile zwischen Schlaf, Traum und Wachheit hin und her, bis wir wieder wissen, wo und wer wir sind, und uns die Aufgaben des kommenden Tages einfallen.

Sobald wir wach sind, also in der Zeit zwischen dem Aufwachen am Morgen und dem Einschlafen am Abend, können wir feststellen, wie wach wir sind. Sind wir entspannt, fühlen wir uns gut und können unsere Aufmerksamkeit mühelos auf die verschiedenen Sinnesreize lenken oder sie auch einfach treiben lassen und wahrnehmen, was immer unsere Aufmerksamkeit anzieht. Beginnt jemand im Raum zu sprechen, bemerken wir es und hören zu, solange es uns interessiert. Zugleich können wir unsere eigenen Gedanken wahrnehmen. Wir überlegen, was wir von dem, was der andere sagt, halten und ob wir etwas darauf erwidern wollen. Gleichzeitig fällt uns auf, dass aus dem Nebenraum Musik dringt und die Kinder im Hof fröhlich kreischen. Wir sehen denjenigen, der spricht, und bemerken den Geschmack des Kaffees, den wir gerade trinken. Aus der Küche kommt der Geruch leckerer Gewürze. Das Mittagessen ist in Vorbereitung. – Das alles können wir gleichzeitig bzw. in lockerer Folge wahrnehmen, während wir entspannt in einem Sessel sitzen. Die Atmosphäre ist angenehm.

Ganz anders sieht es aus, wenn wir unter Druck eine Aufgabe erledigen müssen. Unser Puls ist erhöht. Wir haben Augen und Ohren nur für die Arbeit, die in einer halben Stunde fertig sein muss. Obwohl von draußen Geräusche und Gerüche festzustellen wären, bemerken wir sie überhaupt nicht. Möglicherweise hören wir nicht einmal das Klingeln des Telefons, wenn wir vollkommen konzentriert auf die Aufgabe sind. Diese Art Konzentration ist anstrengend. Wir atmen flacher. Manchmal halten wir den Atem sogar an. Nach einiger Zeit sind wir erschöpft und bräuchten dringend eine Pause. Noch anders nehmen wir uns und unsere Umwelt wahr, wenn wir unter starkem, möglicherweise chronischem Stress stehen. Unsere Gedanken rasen. Wir sind sehr reizbar und reagieren empfindlich auf alle Störungen. Es fällt uns schwer, zu unterscheiden, was wichtig ist und was nicht. In dem Alarmzustand, in dem wir uns befinden, erscheint alles irgendwie dringend oder gar bedrohlich. Zeitweise setzt unsere Aufmerksamkeit aus, ohne dass wir es merken. Wir bekommen Gedächtnislücken. Hält dieser Zustand längere Zeit an, brechen wir eines Tages zusammen.

Die verschiedenen Schlaf- und Bewusstseinszustände, die ich eben beschrieben habe, reichen vom Tiefschlaf über Traumphasen bis hin zum Halbschlaf. Sie erstrecken sich von wacher, entspannter Aufmerksamkeit über konzentrierte Wachheit bis hin zu Zeiten überhöhter Konzentration, die schließlich in Alarmzuständen münden.

Ich habe auf die Darstellung besonderer Bewusstseinszustände verzichtet, um das Ganze nicht unnötig zu komplizieren. Wer mit Meditation vertraut ist, wird beispielsweise noch feinere Grade an Aufmerksamkeit und Schläfrigkeit unterscheiden können. Ebenso ist es bei besonderer Übung möglich, seine Träume bewusst wahrzunehmen und zu beeinflussen, während man schläft.

Jedem der beschriebenen Wach- und Schlafzustände entspricht eine bestimmte Gehirnwellenfrequenz, die man mithilfe moderner Technik beobachten und messen kann.

Wenn wir schlafen, produziert unser Gehirn Deltawellen (0,5 bis 4 Hertz). In den halb wachen bzw. halb schläfrigen Phasen treten Thetawellen auf (4 bis 8 Hertz). Immer noch entspannt, aber bereits wach sind wir, wenn unser Gehirn im Alphawellenspektrum arbeitet (8 bis 13 Hertz). Die meisten unserer Aufgaben führen wir aus, während wir uns in den Betawellenbereichen befinden. Dabei wird Beta noch einmal in drei Gruppen eingeteilt, je nachdem wie angespannt wir bei unserem Tun sind. Langsame Betawellen (13 bis 15 Hertz) werden aufgezeichnet, wenn die Konzentration noch relativ weit verteilt ist. Man ist wach und interessiert, nimmt viele der verschiedenen Reize, die auf einen einströmen, noch bewusst wahr. Bei gesteigerter Konzentration wechseln die Gehirnfrequenzen in den mittleren Betawellenbereich (15 bis 22 Hertz). Jetzt sind viele äußere Reize bereits aus dem Bewusstsein ausgeschaltet. Die Aufmerksamkeit ist gezielt auf ein oder einige wenige Objekte gerichtet. Ausgesprochen ungemütlich wird es, wenn das Gehirn schnelle Betawellen (22 Hertz und höher) hervorbringt. Nun ist es auf Alarm geschaltet. Dieser Zustand ist oft begleitet von heftigen Emotionen wie intensiver Angst oder Wut. Die Muskeln sind verkrampft. Schnelle Betawellen machen ein entspanntes Leben unmöglich. Vielmehr empfindet man unter diesen Umständen intensiven Stress.

Der Bereich, der für unser Thema am interessantesten ist, ist gekennzeichnet durch Alpha- und langsame Betawellen. Hier ist die Entspannung, die wir im Wachzustand erleben, am größten.

Konzentration ist gut, aber zu viel schadet

Wenn viel auf dem Spiel steht, ist eine hohe Konzentration sehr nützlich. Auch die damit verbundene Anspannung, die Erhöhung des Blutdrucks und die anderen physiologischen Veränderungen sind in Notfällen sinnvoll, weil sie den Körper auf einen Kampf, eine Flucht oder sogar eine Verletzung vorbereiten.

Solche Situationen können zum Beispiel im Straßenverkehr vorkommen. Verliert ein Fahrer die Kontrolle über sein Fahrzeug und gefährdet möglicherweise auch andere Verkehrsteilnehmer, dann müssen alle Beteiligten ausschließlich auf diesen Vorfall und die Abwendung der Gefahren konzentriert sein. Keine Zeit für Entspannung! In Sekundenschnelle sind Entscheidungen von großer Tragweite zu treffen. Hier die Aufmerksamkeit schweifen zu lassen wäre nichts anderes als lebensgefährlich.

Anders jedoch, wenn es um alltägliche Situationen geht: Schüler schreiben Klassenarbeiten, Vorgesetzte und Kollegen treffen sich zur Wochenbesprechung, Sportler tragen ihre Ligaspiele aus und Familien setzen sich zum gemeinsamen Essen zusammen. Das alles sind keine Notfälle. Bei einem Sonntagsausflug spricht nichts dagegen, sich der Schönheit der Landschaft bewusst zu werden, ein interessantes Gespräch mit dem Beifahrer zu führen und nebenbei die leise Musik im Radio wahrzunehmen. Höchste Konzentration ist in diesem Fall nicht erforderlich. Es geht nicht um Leben und Tod.

Solche Alltagssituationen sind sogar schwieriger zu bewältigen, wenn das Gehirn das Geschehen fälschlicherweise als gefährlich einstuft und schnelle Betawellen produziert. Dann kommt es während der Klassenarbeit zum gefürchteten Blackout. Nichts kann mehr erinnert werden, was in entspannter Atmosphäre leicht zugänglich war. Die Muskeln von Sportlern müssen trotz der Anforderungen locker bleiben und dürfen nicht verkrampfen, um Höchstleistungen bringen zu können. Unter Stress verlaufen Arbeitsbesprechungen und Familientreffen zu emotional. Unter Umständen werden Dinge gesagt, die die Betroffenen später bereuen und die bei kühlem Kopf unterblieben wären. In jedem Fall aber werden Energien vergeudet. Man fühlt sich unwohl und fängt an, solche Situationen zu vermeiden oder zu hassen.

Der amerikanische Biofeedback-Forscher Les Fehmi meint, dass das Aufmerksamkeitsverhalten darüber entscheidet, ob wir mühelos durchs Leben treiben oder uns kaum über Wasser halten können. Je nachdem, wie stark wir unser Bewusstsein fokussieren, sind wir locker oder verkrampft. Wenn wir ein Problem ins Zentrum unserer Aufmerksamkeit stellen und alles andere darüber vergessen, kann es uns überwältigen, während es keine große Sache ist, sobald wir den Überblick gewinnen und das übrige Leben um uns herum wahrnehmen. Die Art der Achtsamkeit kann sogar körperliche Schmerzen verschlimmern oder auflösen, emotionalen Stress aufbauen oder beseitigen.

Les Fehmi hat herausgefunden, dass es zu einer Belastung von Körper und Geist wird, wenn wir in übertriebener und dadurch gestresster Weise konzentriert sind. Höchste

Aufmerksamkeit führt zu einer Art Alarmzustand. Die Natur hat dies eigentlich nur für Notfälle – wie oben geschildert – vorgesehen.

Fehmi gibt noch ein anderes Beispiel: Löwen liegen dösend im Schatten hoher Bäume. Ihre Muskeln sind entspannt. Die Atmung ist langsam. Das ändert sich, als eine Gazellenherde sichtbar wird. Die Löwen heben die Köpfe. Mehr und mehr konzentriert sich ihre Aufmerksamkeit auf die mögliche Beute. Die Muskeln spannen sich an. Die Atmung geht schneller. Außer den Gazellen wird nichts mehr bewusst wahrgenommen. Die Löwen sind nur noch auf die bevorstehende Jagd ausgerichtet. Sobald diese vorbei ist und die Löwen satt sind, liegen sie wie zuvor im Halbschlaf entspannt herum. Lange Zeit ist wieder Ruhe.

Für die Gazellen gilt übrigens dasselbe. Man könnte meinen, dass sie unter Dauerstress stehen, weil die Löwen und andere Feinde stets in ihrer unmittelbaren Umgebung leben, oft sogar in Sichtweite. Dies trifft jedoch nicht zu. Die Gazellen können sehr gut unterscheiden, ob Löwen auf Jagd sind oder nicht. Die meiste Zeit sind sie entspannt. Ihre Feinde stehen nicht im Mittelpunkt ihrer Aufmerksamkeit, sondern befinden sich lediglich am Rande ihres Bewusstseins. Sie leben nicht in ständigem Alarmzustand. Nur wenn Anzeichen für eine konkrete Gefahr bestehen, wächst ihre Aufmerksamkeit. Damit einher gehen die physiologischen Veränderungen, die nötig sind, um erfolgreich flüchten zu können.

Tiere, die unter Dauerstress stehen, gehen ein. Und auch wir Menschen halten lang andauernden Stress nicht gut aus. Zahlreiche Krankheiten werden durch chronischen Stress ausgelöst oder verschlimmert.

Wie wir gesehen haben, spielt die Art der Aufmerksamkeit – viel oder wenig, entspannt oder gespannt, zielgerichtet oder offen – eine entscheidende Rolle dabei, ob sich Körper und Geist auf Stress einstellen oder nicht. Leider gilt höchste Konzentration in unserer Gesellschaft generell als erstrebenswert. In den Schulen, am Arbeitsplatz, selbst in der Freizeit soll man sich nicht gehen lassen, sondern mit größter Aufmerksamkeit bei der Sache sein. Lernen, Arbeiten und Erholung geschieht oftmals unter Anspannung. Da diese Einstellung überall gefördert wird, ist es kein Wunder, dass so viele Menschen in ständiger Alarmbereitschaft leben. Sie haben verlernt, ihre Aufmerksamkeit schweifen zu lassen und das Leben entspannt wahrzunehmen. Diese Situation ist besonders absurd, weil tatsächliche Gefahren heute extrem selten geworden sind. Stresspegel und reale Notfälle stehen in keinem vernünftigen Verhältnis.

Die bewusste Regulierung der Aufmerksamkeit kann zu einer wirksamen Hilfe werden, um die allermeiste Zeit entspannt zu leben, so wie es von der Natur eigentlich gedacht war.

Die Aufmerksamkeit erweitern

In der Biofeedback-Forschung ist seit Langem bekannt, dass die Alphawellen des Gehirns einen Zustand entspannter Wachheit signalisieren. 1965 begann der amerikanische

Psychologieprofessor Joe Kamiya damit zu experimentieren, ob Menschen das Frequenzspektrum erkennen können, in dem sich ihr Gehirn gerade befindet. Es zeigte sich, dass dies nach einiger Übung tatsächlich möglich war. Menschen können ihre Gehirnwellen kontrollieren. Besonders interessant an den Versuchen Kamiyas war, dass Leute, die einige Stunden im Alphazustand gewesen waren, sich erfrischt, heiter, entspannt und gesammelt fühlten wie nie zuvor in ihrem Leben, wie sie erklärten.

Nachdem Kamiya über seine Entdeckungen berichtet hatte, stieg das Interesse an diesem besonders wohltuenden Biofeedback. Zahlreiche Geräte zur Darstellung der Gehirnströme kamen auf den Markt, von denen viele aber nicht funktionierten. Außerdem zeigte sich, dass die Kontrolle der Gehirnströme offenbar schwieriger war, als man dachte. Die Forscher konnten den Probanden nur mitteilen, ob sie im Alphazustand waren, nicht jedoch, wie sie ihn erlangten. Zudem sind die Hirnstrommessgeräte, die etwas taugen, teuer. Sie kosten mehrere Tausend Dollar. Zahlreiche Sonden mussten am Kopf der Versuchspersonen angebracht werden, was die Technik nicht gerade für den Hausgebrauch empfahl. So schien es zwar theoretisch interessant, mithilfe des Biofeedbacks vermehrt Alphawellen hervorzubringen und damit in einen entspannten, angenehmen Wachzustand zu kommen. Praktisch war es jedoch zu mühsam und daher für den Allgemeingebrauch nicht geeignet. Das Interesse an diesem Thema ließ daher in den folgenden Jahrzehnten merklich nach.

Vielleicht erinnern Sie sich an das 1978 erschienene Buch

von Elmer und Alyce Green, ›Biofeedback, eine neue Möglichkeit zu heilen‹. Es wird gelegentlich auch heute noch zitiert. Darin wurde über die oben angeführte Forschung berichtet. Es herrschte damals eine gewisse Aufbruchstimmung in der Psychologie. Manche dachten, die Menschheit stünde unmittelbar vor einem Bewusstseinssprung. Mehr und mehr Menschen entdeckten Meditation, Psychotherapie und Selbsterfahrungsworkshops. Die Hoffnungen, die sie in diese setzten, erfüllten sich jedoch nur selten. Der willentliche Zugang zu den Alphawellen des Gehirns schien praktisch unerreichbar.

Les Fehmi ließ in seinen Bemühungen, die Gehirnfrequenzen mithilfe des Biofeedbacks zu untersuchen, jedoch nicht nach. Schließlich bemerkte er einen Zusammenhang zwischen der Art der Aufmerksamkeit und dem Zustand wacher Entspanntheit. Wenn das Gehirn Alphawellen erzeugt, öffnet sich die Wahrnehmung. Anstatt sich auf wenige Sinnesreize zu konzentrieren, fängt man an, mehr von seiner Umwelt zu bemerken. Umgekehrt gilt dasselbe. Sobald man die Aufmerksamkeit entspannt, nehmen die Alphawellen zu. Man wechselt von höchster Konzentration, die Notfällen vorbehalten bleiben sollte, zu einer Gelassenheit, bei der man die anstehenden Aufgaben immer noch gut erledigen kann, ohne sich jedoch zu verausgaben.

Bei der entspannten Aufmerksamkeit ist die Aufnahmefähigkeit der Sinne erweitert. Fehmi nennt diesen Zustand deshalb »Open Focus«. Im Gegensatz dazu schränkt hohe Konzentration das Blickfeld ein. Open Focus sollte im Alltag der Normalfall sein. Man lernt besser, wenn man entspannt ist. Die Arbeit geht leichter von der Hand. Indem man umsichtiger arbeitet, erzielt man in der Regel auch bessere Ergebnisse. Der Tunnelblick, der mit Stress verbunden ist, schadet der Arbeit nur. Außerdem ist das Betriebsklima schlecht, wenn alle gestresst sind. Dies wirkt sich zusätzlich negativ auf die Ergebnisse aus. Das gilt auch im Sport: Sportler müssen möglichst die Übersicht behalten. Gerade bei Teamsportarten ist ein weiter Blickwinkel unerlässlich.

Nachdem Les Fehmi entdeckt hatte, dass die Art der Aufmerksamkeit für die Erzeugung von Alphawellen entscheidend ist, experimentierte er weiter damit, welche Übungen die besten Resultate brachten. Die Versuchspersonen sollten sich friedliche Bilder vor ihr geistiges Auge führen, ihre Lieblingsmusik hören, farbiges Licht sehen und anderes mehr. Diese Versuche zeigten wenig oder gar keine Wirkung.

»Können Sie sich den Raum zwischen Ihren Augen vorstellen?« Als Fehmi seinen Probanden diese Frage stellte, registrierten die Aufzeichnungsgeräte hohe Alphawellenausschläge. Das war der Durchbruch. Die Wahrnehmung von Raum – bei gleichzeitiger Offenheit für weitere Sinneseindrücke – brachte die Versuchspersonen in den gewünschten entspannten Wachzustand. Die Methode ist sehr einfach und sehr wirksam. Lassen Sie sich bitte durch die Einfachheit nicht täuschen; denn es ist schwierig, die Erfahrung des Open Focus aufrechtzuerhalten, besonders wenn die gewohnten Aufmerksamkeitsmuster auf das Gegenteil ausgerichtet sind. Falls Sie mit dieser Methode üben wollen, werden Sie feststellen, dass Sie zunächst öfter in Ihre alten Muster zurückfallen. Bei beharrlichem Weiterüben ist es jedoch möglich, die meiste Zeit im Open Focus zu bleiben.

Es gibt mehrere Möglichkeiten, die Aufmerksamkeit zu entspannen. Les Fehmi hat ein Buch geschrieben, in dem er seine Entdeckungen im Einzelnen schildert, die zahlreichen segensreichen, zuweilen ans Wundersame grenzenden Wirkungen benennt und konkrete Übungsanweisungen gibt. Dem Buch (›Open Focus Aufmerksamkeits-Training. Durch Aktivierung des Alphazustandes zu Gesundheit und Kreativität finden‹) ist eine CD beigelegt, die zwei Übungen enthält. Fehmi empfiehlt, sie zweimal täglich zu machen. Das ist allerdings schon ziemlich anspruchsvoll, weil man dafür insgesamt eine Stunde Zeit braucht. Auf der Website von Les Fehmi *www.openfocus.com* können Sie auf Englisch kostenloses Material bekommen. Sie finden dort z. B. eine Übung und einige Artikel zum Thema.

Sie können auch selbstständig üben, indem Sie Ihre Aufmerksamkeit auf bestimmte Räume lenken. Nehmen Sie dabei die Frage »Kann ich mir den Raum zwischen meinen Augen vorstellen?« als Ausgangspunkt. Bleiben Sie ca. 15 Sekunden bei dieser Vorstellung. Fehmi betont dabei Folgendes: »Können Sie sich vorstellen, Ihren Geist und Körper ganz natürlich auf die Fragen reagieren zu lassen, ohne dass Sie sich besondere Mühe geben … Es braucht Sie nicht zu stören, wenn anscheinend nichts Besonderes geschieht.« Entsprechend der Ausgangsfrage können Sie sich weiterfragen:

– Kann ich mir den Raum zwischen meinen Ohren vorstellen?

– Ist es mir möglich, mir die Entfernung zwischen meiner Oberlippe und meiner Nasenspitze vorzustellen?
– Kann ich mir den Raum zwischen meinen Mundwinkeln vorstellen?

Auf diese Weise können Sie die Räume Ihres Kopfes erfahren. Schließlich können Sie sich auch fragen:

– Kann ich mir den Raum um meinen Kopf herum vorstellen?

Bleiben Sie jeweils eine Zeit lang bei jeder Frage. Schauen Sie nicht auf die Uhr. Es kommt nicht auf die Sekunde an. Wenn Sie abschweifen, kehren Sie mit Ihrer Aufmerksamkeit zur Frage und der jeweiligen Vorstellung zurück.

Nicht nur der Kopf ist ein geeignetes Objekt Ihrer Aufmerksamkeit. Sie können dieselbe Vorgehensweise auf jeden anderen Teil Ihres Körpers anwenden, z. B. Ihre Hände:

– Kann ich mir den Raum zwischen meinen Daumen vorstellen?
– Ist es mir möglich, mir die Entfernung zwischen meinen Zeigefingern vorzustellen?
– Kann ich mir
   a) den Raum zwischen meinen Daumen und Zeigefingern,
   b) den Raum, den meine Daumen einnehmen,
   c) den Raum um meine Daumen herum vorstellen?
– Kann ich mir den Raum um meinen ganzen Körper herum vorstellen?

Auch wenn Sie sich diese Räume vorstellen, so haben doch alle anderen Sinneswahrnehmungen Platz in Ihrer weiten Aufmerksamkeit. Geräusche, die durchs Fenster dringen, sind willkommen. Sie können trotzdem bei Ihrer jeweiligen Vorstellung bleiben. Machen Sie diese Übung bei geöffneten und geschlossenen Augen. Bei geöffneten Augen hat das Sichtbare Platz im Open Focus. Sie können die Aufmerksamkeit mit der Zeit immer mehr erweitern. Sie sehen, Sie hören, Sie spüren, Sie riechen, Sie schmecken – gleichzeitig. Kein Reiz ist eine Störung in Bezug auf den anderen. Sie können das alles wahrnehmen und sich gleichzeitig vorstellen, was immer Sie wollen.

Die einfachste Übung, die Sie machen können, besteht darin, einfach nur die Augen zu schließen. Bereits dadurch erhöht sich die Zahl der Alphawellen im gesamten Gehirn. Spürbar wird dies mit der Zeit, indem Sie sich entspannter und wohler fühlen. Erwarten Sie aber keine Wunder, wenn Sie einmal für drei Sekunden die Augen zumachen. Sollten Sie jedoch die Zeit finden, wiederholt für einige Minuten die Augen zu schließen, wann immer Ihnen dies möglich ist, werden Sie binnen Tagen wesentlich entspannter sein. Vielleicht finden Sie ein Wohlgefühl wieder, das Sie schon lange nicht mehr gekannt haben!

Warum EFT, EMDR, BSFF & Co tatsächlich helfen

Emotional Freedom Techniques (EFT), Eye Movement Desensitization and Reprocessing (EMDR), Be Set Free Fast (BSFF), Thought Field Therapy (TFT): Für viele dürften das einfach nur Wortungetüme sein. Aber dahinter stehen neue Verfahren zur Auflösung von Schmerzen und belastenden Gefühlen, die zumindest teilweise Erfolge vorzuweisen haben.

Als einer der Ersten wurde der Psychologe Roger Callahan 1980 auf ein interessantes Phänomen aufmerksam. Er behandelte eine Frau, die an einer starken Wasserphobie litt. Der Anblick von Wasser, ja allein schon der Gedanke daran, führte bei ihr zu Ängsten und Magenschmerzen. Callahan hatte bereits ein Jahr lang verschiedene Therapiemethoden ausprobiert, um ihr zu helfen. Aber nichts hatte funktioniert.

Eines Tages kam er auf die Idee, es mit Klopfakupunktur zu versuchen. Seine Patientin hatte während der Therapiestunde Aussicht auf einen Swimmingpool und sie spürte gerade wieder Magenbeschwerden. Callahan hatte kürzlich Akupunktur kennengelernt und wusste, dass ein Punkt unter dem Auge mit dem Magenmeridian verbunden ist. Er bat seine Patientin, auf diesen Punkt zu klopfen. Völlig unerwartet für beide verschwanden die Ängste sofort. Um den Erfolg zu testen, fuhr die Patientin ans Meer und machte dort einen langen Spaziergang. Die Ängste waren verschwunden und sie blieben es. Auch 20 Jahre später war sie vollkommen symptomfrei.

Callahan experimentierte weiter mit der neuen Methode, die er heute Thought Field Therapy (TFT) nennt. Nicht immer half das einfache Klopfen eines Akupunkturpunktes. Im Laufe der Zeit entwickelte er ein Diagnoseverfahren und verschiedene Klopfsequenzen für die verschiedenen Probleme. Je nachdem, welche Beschwerden vorliegen, müssen die damit zusammenhängenden Akupunkturpunkte in einer unterschiedlichen Reihenfolge geklopft werden.

Da dieses Verfahren doch recht kompliziert ist, suchten andere nach Vereinfachungen. Gary Craig, der Anfang der 1990er-Jahre bei Callahan TFT gelernt hatte, entwickelte eine allgemeine Klopfmethode. Egal um welches Problem es sich handelt, werden immer dieselben Akupunkturpunkte behandelt. Außerdem kommen weitere, etwas merkwürdig anmutende Elemente hinzu. Die Klienten schließen und öffnen die Augen, bewegen sie hin und her, lassen sie rechtsherum und linksherum kreisen, summen eine Melodie, zählen rückwärts und summen dann wieder. Entscheidend ist nur, dass sie dabei in Gedanken mit dem sie belastenden Problem in Verbindung bleiben. Sie müssen beispielsweise ihre Ängste ein klein wenig spüren, während sie klopfen, summen und zählen.

Auf mich wirkt diese Methode, die Gary Craig Emotional Freedom Techniques (EFT) nennt, vollkommen verrückt. Man muss schon sehr aufgeschlossen sein, um nicht ein Stoßgebet zum Himmel zu schicken, wenn man davon hört. (Atheisten kommt ein Gebet allerdings nicht weniger verrückt vor.) Trotzdem weiß ich von einigen Therapeuten, die ich für seriös halte, dass EFT tatsächlich helfen kann. Und wer heilt, hat recht. Was das angeht, ist meine Einstellung rein pragmatisch.

Um den Reigen weiter abzurunden, möchte ich Ihnen noch das Eye Movement Desensitization and Reprocessing (EMDR) vorstellen. Die Begründerin dieser Methode, Francine Shapiro, stieß unabhängig von Callahan und Craig auf ein ähnliches Phänomen. 1987 machte sie an einem schönen sonnigen Nachmittag einen Spaziergang. Sorgenvolle Gedanken gingen ihr durch den Kopf. Sie spürte auch die dazugehörigen belastenden Gefühle. Doch plötzlich waren diese Gedanken und Gefühle verschwunden. Als ihr wieder einfiel, woran sie gedacht hatte, bemerkte sie, dass sie nun an ihre Probleme denken konnte, ohne die belastenden Gefühle zu spüren. Was war geschehen? Shapiro hatte aufgrund einer vorangegangenen Krebserkrankung gelernt, ihren Körper, ihre Gefühle und ihren Geist sehr sorgfältig zu beobachten. Ihr wurde bewusst, dass sie ihre Augen spontan hin und her bewegte, wenn ein sorgenvoller Gedanke auftauchte. Als sie weiter damit experimentierte, gelang es ihr jeweils, sich von ihren negativen Gefühlen zu befreien. Sie konnte über ihre Probleme nachdenken, ohne sich zu ängstigen oder deprimiert zu sein. Ihre Entdeckung funktionierte auch bei ihren Freunden. Später entwickelte sie daraus ein umfassendes integratives Therapiemodell. Ihr ist dabei sehr bewusst, wie fragwürdig ihre Methode auf den ersten Blick wirkt. Jemand hat EMDR einmal »Winke-Winke-Therapie« genannt, weil Shapiro einen Finger vor dem Gesicht des Patienten hin und her bewegt, damit dieser mit seinen Augen folgen kann. PionierInnen haben es eben nicht leicht! Der Spott der »seriösen« Kollegen ist ihnen sicher. Das war schon immer so. Revolutionäre Neuerungen haben es schwer, sich durchzusetzen.

Warum und wie wirkt EFT? Hat es tatsächlich mit den Akupunkturpunkten zu tun? Was ist das Geheimnis von EMDR? Genau weiß dies bisher niemand. Es gibt lediglich

Vermutungen. Manche bringen diese Methoden mit dem menschlichen Energiesystem in einen Zusammenhang. Insbesondere die Traditionelle Chinesische Medizin nimmt an, dass es im menschlichen Körper Energiebahnen analog zu den Blut- und Nervenbahnen gibt. Mithilfe von Akupunktur versuchen Heiler Einfluss auf dieses Energiesystem zu nehmen, sodass die Energie wieder fließen kann. Energieblockaden gelten als Krankheitsauslöser. Inzwischen haben sich auch westliche Ärzte für diese Theorie und Praxis interessiert. Eine erste gründliche Studie hat nachweisen können, dass tatsächlich auf diese Weise Verbesserungen zu erreichen sind. Das Erstaunliche an diesem Ergebnis war nur, dass es keinen Unterschied machte, wo die Akupunkturnadeln gesetzt wurden. Deshalb könnte man daran zweifeln, ob es wirklich definierte Energiebahnen im Körper gibt.

Wer EFT selbst ausprobieren will, fragt sich, welche Punkte in welcher Reihenfolge geklopft werden müssen und wo genau sie sich befinden. EFT-Anwender machen kein Hehl daraus, dass es weder auf die Reihenfolge noch auf die exakte Lage der Akupunkturpunkte ankommt. Dies könnte ein weiterer Hinweis darauf sein, dass es nicht in erster Linie um ein Energiesystem geht. Eine Spielart des EFT, das Be Set Free Fast (BSFF), verzichtet völlig auf das Klopfen und angeblich funktioniert es trotzdem. Andere sagen, dass es reichen soll, sich das Klopfen nur vorzustellen.

EMDR wiederum erinnert an die schnellen Augenbewegungen, die im Schlaf auftreten und dem Gehirn möglicherweise bei der Verarbeitung von Informationen helfen. Ob dies nur eine oberflächliche Ähnlichkeit ist oder mehr, ist ungewiss.

Wenn man Les Fehmis Forschung zum Open Focus kennt, bietet sich noch eine andere Hypothese an. Vielleicht beruht die Wirkung von EFT, EMDR und anderen sogenannten energetischen Therapien auf einer Veränderung der Aufmerksamkeit. Probleme, seien es körperliche Schmerzen, sorgenvolle Gedanken oder belastende Gefühle, haben die Tendenz, die gesamte Aufmerksamkeit des Betroffenen zu beanspruchen. Genauer sollte man sagen, dass Menschen mit Problemen dazu neigen, sich nur noch um diese zu kümmern. Das heißt, sie fangen an, sich voll auf ihre körperlichen oder seelischen Schmerzen zu konzentrieren. Indem man bewusst die eng begrenzte Wahrnehmung (»Tunnelblick«) öffnet, werden andere Gedanken, Gefühle und Sinneswahrnehmungen wieder zugänglich. Der Schmerz rückt an den Rand des Bewusstseins oder verschwindet ganz. Stattdessen wird man wieder fähig, sich zu entspannen, sich wohlzufühlen, Freude oder Gelassenheit zu empfinden und sich auf die Aufgaben des Tages zu konzentrieren.

Les Fehmi schildert in seinem Buch, wie er durch die Anwendung des Open Focus seine Höhenangst überwunden hat. Auch die durch einen Nierenstein ausgelösten, äußerst heftigen Schmerzen konnte er so bewältigen. Diese Anekdoten unterstützen die These, dass die eigentliche Wirkung vieler Therapieverfahren auf einer Änderung des Aufmerksamkeitsverhaltens beruht. Nach Auffassung von Fehmi wirkt jede Therapie oder Entspannungstechnik zumindest teilweise dadurch, dass die Wahrnehmung von eng auf weit gestellt werde.

In der Medizin und Psychologie ist weithin bekannt, dass es einen Placeboeffekt gibt. Patienten geht es oftmals besser, wenn sie ein Scheinmedikament bekommen, das sie für einen echten Wirkstoff halten. Man ist sich nicht einig darüber, wie dieser Effekt zustande kommt. Es könnte sein, dass eine reine Zuckerpille, an die die Patienten glauben, sie veranlasst, ihre Beschwerden und die Umwelt günstiger wahrzunehmen. Sie hören auf, sich auf ihr Leid zu konzentrieren, und wenden sich angenehmen Themen zu. Sollte dies der Fall sein, könnte man auf zahlreiche Medikamente ebenso wie auf den Trick mit Placebos verzichten. Stattdessen wäre es das Beste, jedem zu erklären, wie man am geeignetsten mit der Wahrnehmung umgeht.

Der Mittlere Weg

Open Focus passt erstaunlich gut zur Lehre des Buddha. Ein zentrales Prinzip darin ist der Mittlere Weg. Damit ist gemeint, dass es allgemein sehr günstig ist, die Extreme zu meiden. Der Buddha hat dies einmal sehr anschaulich dargestellt, als er darauf angesprochen wurde, dass er den Menschen widersprüchliche Ratschläge gebe. Seine Antwort lautete: »Ich sehe zwei Menschen einen Weg entlanggehen. Auf beiden Seiten des Wegs befindet sich ein tiefer Graben. Der eine Wanderer geht zu weit rechts. Es besteht die Gefahr, dass er in den rechten Graben fällt. Deshalb rate ich ihm, mehr nach links zu gehen. Der andere geht zu sehr auf der linken Seite und droht in den linken Graben zu fallen. Aus diesem Grund empfehle ich ihm, sich mehr rechts zu halten.« Aus meiner Sicht ist dies eine sehr kluge Antwort, sowohl was die Stellungnahme zu scheinbar widersprüchlichen Ratschlägen angeht als auch zur unmittelbaren Einsicht in die Notwendigkeit, den Mittleren Weg zu gehen. Jeder Ratschlag ist kontextabhängig, das heißt, er gilt für eine bestimmte Person an einem bestimmten Ort zu einer bestimmten Zeit. Er ist nicht ohne Weiteres auf andere Menschen in anderen Umgebungen zu anderen Zeiten übertragbar. Daraus erklärt sich auch eine gewisse Begrenzung der Aussagekraft von Ratgeberbüchern. Da sie sich an eine Vielzahl von unterschiedlichen Menschen richten, können sie selten hundertprozentig auf jeden Einzelnen zutreffen. Manche sehen das als Nachteil an oder meinen sogar, deshalb sei es unmöglich, solche Bücher zu schreiben. Diese Ansicht finde ich wiederum zu extrem. Sie widerspricht meiner eigenen Erfahrung als auch der vieler anderer LeserInnen.

Paradoxerweise muss man die Lehre vom Mittleren Weg auf dieses Prinzip selbst anwenden. Es ist nicht immer richtig, sich in der Mitte zu halten. Manchmal kommt man nur weiter, wenn man sich kurzfristig sehr weit rechts oder links bewegt. (Die Begriffe »rechts« und »links« sind für manche heute sehr stark politisch besetzt. Deshalb möchte ich Missverständnissen vorbeugen und erklären, dass es sich bei der Lehre des Buddha natürlich nicht um eine politische Meinungsäußerung handelt.)

Im Open Focus, bei dem die Wahrnehmung des Geistes weit geöffnet ist, entstehen vermehrt Alphawellen in allen Teilen des Gehirns. Die Alphawellen liegen im Frequenzbereich zwischen den schnellen Betawellen und den langsamen Theta- und den noch langsameren Deltawellen. Praktisch gesehen, ist es die Mitte zwischen Schlaf und Stress, zwischen Über- und Unterspannung, also genau der Bereich, um den es in diesem Buch geht, nämlich eine angenehme, wache Entspanntheit.

Der Buddha nannte es Satipatthana

Die berühmteste Lehrrede des Buddha ist die von den Grundlagen der Achtsamkeit, in der Sprache seiner Zeit: Satipatthana-Sutta (*sutta* bedeutet in der damals verwendeten Pali-Sprache Lehrrede und *satipatthana* so viel wie die Grundlagen oder das Gegenwärtighalten der Achtsamkeit).

Der Buddha war der Ansicht, dass man das allgegenwärtige Leiden nur dadurch überwinden könne, indem man umfassend achtsam sei. Die Aufmerksamkeit soll sich auf den Körper, die Gefühle, den Geist und die Umgebung, kurz: auf die gesamte Innen- und Außenwelt richten. Mit Achtsamkeit ist die Funktion des reinen Beobachtens gemeint (im Einzelnen dazu Kapitel 5). Während man im Allgemeinen alles, was man wahrnimmt, sofort als gut oder schlecht bewertet, verzichtet man in dieser Haltung darauf. Man nimmt die Dinge einfach nur wahr. Sofern man trotzdem Beurteilungen vornimmt, ist man sich dessen bewusst.

Man kann sich die Aufmerksamkeit als einen unbegrenzten Raum vorstellen. Geräusche, Düfte, Gefühle, Sichtbares, Gedanken sind Ereignisse, die in diesen Raum eintreten und nach einiger Zeit wieder verschwinden. Mehr passiert eigentlich nicht. Trotzdem fühlen wir uns überfordert, wenn wir uns mit diesen Phänomenen identifizieren, sie furchtbar ernst nehmen, festhalten und nicht wieder loslassen wollen. Manchmal möchten wir auch, dass diese Dinge schneller wieder aus unserem Bewusstsein verschwinden, als sie dies tatsächlich tun. Auch darunter leiden wir dann; denn die Sinneswahrnehmungen und Gedanken haben bis zu einem gewissen Grad ihr Eigenleben. Sie bleiben so lange, wie sie wollen. Unser Wille vermag da oft wenig auszurichten. Deshalb ist es ratsam, einfach weiter ruhig zu beobachten, was passiert.

Vielleicht haben Sie es schon gemerkt: Im Grunde genommen ist dies die Haltung des Open Focus. Die Aufmerksamkeit ist ein ausgedehnter Raum, der Brennpunkt weit geöffnet. Man ist dabei entspannt, weder konzentriert noch unkonzentriert. Man schläft nicht, döst nicht, ist aber auch nicht erregt oder übererregt. Konzentration wäre Festhalten. Auf Dauer ist dies anstrengend. Je fester man zupackt, desto eher ist man erschöpft. Deshalb muss man irgendwann auch wieder loslassen. Übertragen in das Konzept des Open Focus heißt das, die Aufmerksamkeit erweitern. Salopp ausgedrückt: die Seele baumeln lassen. Wie immer Sie es nennen möchten. Der Buddha nannte es Satipatthana.

2. MEDITIEREN – ABER RICHTIG

Im stillen Kämmerlein

Meditation ist eine wertvolle Hilfe, um sich zu entspannen. Der Buddha meditierte täglich mehrere Stunden. Selbst wenn es nicht Ihr Ziel sein sollte, ein Buddha zu werden – wovon ich bei den meisten LeserInnen ausgehe –, könnte es sich doch für Sie lohnen, wenigstens ein paar Minuten am Tag zu meditieren.

Probieren Sie es gleich einmal aus. Es dauert nur zehn Atemzüge. Sie schließen die Augen. Dann richten Sie die Aufmerksamkeit auf Ihren Atem. Wo überall spüren Sie ihn in Ihrem Körper? In der Nase? Im Rachenraum? Im Hals? In der Brust? Im Bauch? Vielleicht sogar in den Armen und Beinen? Die Atembewegung reicht weit über die Lunge hinaus. Je sensibler Sie empfinden können, desto stärker spüren Sie, wie der Atem Ihren ganzen Körper sanft bewegt.

Die Wahrnehmung des Atems ist bei jedem anders. Sie ist sogar von Meditation zu Meditation unterschiedlich. Achten Sie einfach darauf, wie Sie jetzt gerade Ihren Atem spüren. Wie fühlt sich der Einatem an? Und der Ausatem?

Machen Sie das zehn Atemzüge lang. Zählen Sie einfach den Einatem. Oder – wenn Ihnen das lieber ist – den Ausatem. Falls Sie sich verzählen, ist das egal. Ob Sie zehn, acht oder dreizehn Atemzüge machen, ist für dieses Experiment ohne Bedeutung. Selbst wenn Sie nur einmal bewusst ein- und ausatmen, reicht das für einen ersten Eindruck aus.

Wie meditiert man nun richtig? Indem man sich nicht zu stark konzentriert. Meditieren Sie im Open Focus. Ihre Aufmerksamkeit richtet sich in erster Linie auf Ihren Atem. Sie dürfen dabei ruhig auch Ihre Gedanken bemerken. Oder Geräusche. Oder Gefühle, zum Beispiel, wenn Sie feststellen, dass Sie unbequem sitzen, und Ihre Sitzhaltung etwas verändern möchten. Aber egal, ob Sie es sich erlauben oder nicht: Sie werden es sowieso tun. Niemand kann für längere Zeit, oft nicht einmal für zehn Atemzüge, das Denken anhalten. (In Bezug auf sehr Geübte kommt es darauf an, was man unter »längere Zeit« versteht.) Jeder registriert früher oder später irgendwelche Geräusche in seiner Umgebung. (Wer das nicht tut, ist vermutlich taub oder tot.) Ich zum Beispiel höre gerade, wie jemand eine Wohnungstür im Hausflur zuschlägt. Vielleicht bellt ein Hund. Oder ein Papagei kreischt. Die meisten von uns wohnen nicht so entlegen, dass es in ihrer Umgebung keinerlei Geräusche gäbe.

Manche empfinden ihre Gedanken und Gefühle oder die Umgebungsgeräusche als störend. Sie glauben, sie müssten ausschließlich ihr Meditationsobjekt wahrnehmen. Dann ärgern sie sich, wenn das nicht gelingt. Sie glauben, sie machten es falsch, und so weiter und so weiter.

Wenn Sie dagegen im Open Focus meditieren, entspannen Sie sich. Im Raum Ihrer Wahrnehmung hat alles Platz, auch wenn Ihre Aufmerksamkeit primär auf Ihrem Atem ruht. Alles entsteht und vergeht in diesem weiten Raum der Achtsamkeit. Der Atem kommt und geht. Gefühle entstehen und vergehen. Geräusche tauchen auf und verschwinden wieder. Wenn etwas anderes Ihre Aufmerksamkeit fesselt, bemerken Sie dies und lassen es los, indem Sie wieder auf Ihren Atem achten. Das ist alles.

Meditation ist weder schwer noch geheimnisvoll. Sie braucht keine Vorbereitung. Wenn Sie nicht zum Buddha oder zur Weltmeisterin im Meditieren werden wollen, können Sie alle Anleitungen, wie man dabei sitzen, gehen, stehen, liegen oder sonst etwas soll, vergessen. Sie benötigen keinen Extraraum, keinen heiligen Schrein, keine Räucherstäbchen, keine Spezialkleidung, keine Yogamatte, kein Meditationskissen – nichts.

»Drei Dinge braucht der Mann: Feuer, Pfeife, Tabak.« So lautete der Slogan eines Pfeifentabaks. Falls Sie die Reklame kennen, erinnern Sie wahrscheinlich auch noch den Markennamen des Tabaks. Drei Dinge braucht der Mensch zum Meditieren: Achtsamkeit, ein Objekt und die richtige Einstellung. Achtsamkeit hat viele Namen: Bewusstheit, Aufmerksamkeit, Konzentration, Wahrnehmungsfähigkeit und andere mehr. Im Kern geht es darum, nichts weiter zu tun, als zu beobachten. Was? Das Meditationsobjekt. Es gibt so viele wie Sand am Meer. Am gebräuchlichsten sind der Atem oder ein Wort (Mantra). Damit die Aufmerksamkeit besser an das Meditationsobjekt gebunden werden kann, ist es vorteilhaft, wenn es sich ständig verändert, so wie der Atem. Wählt man eine Silbe oder ein Wort, spricht man es lautlos wiederholt vor sich hin. Manche empfehlen, dies im Atemrhythmus zu tun. Andere raten davon ab. Man kann beides ausprobieren und es dann so machen, wie es für die eigene Meditation am besten ist.

Die richtige Einstellung ist die des Open Focus. Im Zentrum der Aufmerksamkeit steht das Meditationsobjekt. Man bleibt aber offen für andere Sinneswahrnehmungen und Gedanken, die entstehen. Mit dieser Einstellung sind sie keine unwillkommenen Störungen, sondern unvermeidbare Begleiterscheinungen bei der Meditation. Man nimmt sie wahr, ohne den Hauptgegenstand der Beobachtung zu verlieren. Sie können dies mit einem Gespräch vergleichen. Während Sie zuhören, gehen Ihnen eigene Gedanken durch den Kopf. Das hindert Sie aber normalerweise nicht daran, weiter aufmerksam zuzuhören. Sie nehmen gelegentlich auch andere Dinge wahr, je nachdem, wo das Gespräch stattfindet. In einem Café trinken Sie vielleicht gleichzeitig einen Kaffee, sehen andere Menschen vorbeigehen, schnappen Fetzen eines anderen Gesprächs auf. Das alles hindert Sie nicht daran, weiter die ganze Zeit dem Gespräch zu folgen. Im Raum Ihrer Aufmerksamkeit hat mehr Platz als nur der Dialog. Das Gespräch muss nicht darunter leiden; denn man kann vieles gleichzeitig bemerken, ohne den Gesprächsfaden zu verlieren. So kann es im Idealfall eine angenehme, nette Unterhaltung sein, bei der man sich entspannt. Würde man sich zu sehr konzentrieren, die Aufmerksamkeit zu eng begrenzen, käme man unweigerlich in den Notfallmodus der Wahrnehmungsarten. Nach dem Gespräch wäre man erschöpft. Man hätte sich verkrampft. Außerdem hätte man wahrscheinlich keine Lust am angeregten Parlieren, sondern würde solche hoch konzentrierten Gespräche lieber meiden. Genauso ist es mit dem Meditieren. Menschen können sich jahrelang dabei verkrampfen und anstrengen. Sie halten Meditation für eine ernste Angelegenheit, vergleichbar mit Arbeit. Ein Gewinn springt für sie dabei nicht heraus. Sie üben lediglich, ernst, angestrengt und verkrampft zu sein. Der Segen der wachen Entspanntheit im Open Focus bleibt ihnen auf diese Weise versagt. Schade um den ganzen Aufwand!

Die richtige Einstellung ist also die des eher passiven Zulassens. Die Sinneswahrnehmungen und Gedanken kommen und gehen. Sie ziehen durch den Raum der Aufmerksamkeit. Man lehnt nichts ab und hält nichts fest. So gelangt man immer mehr in einen entspannten Zustand und wird mit einer Zunahme der Alphawellen im Gehirn belohnt.

Der zweite Fehler, den man machen kann, ist, nicht zu meditieren. Ansonsten gilt, dass jede Meditation ein Unikat ist. Mal ist sie angenehm, mal unangenehm, je nachdem wie die inneren und äußeren Umstände gerade sind. Häufig wird man mit einer spürbaren Entspannung belohnt. Man kann sie jedoch nicht erzwingen, genauso wenig wie den Schlaf. Entspannung entsteht, wenn die Bedingungen dafür geschaffen werden. Mehr kann man nicht tun. Mehr braucht man nicht zu tun.

Wie lange soll man täglich meditieren, wird oft gefragt. Statt sofort zu antworten, möchte ich Sie lieber fragen: Wie

2. MEDITIEREN — ABER RICHTIG

lange können Sie es sich täglich erlauben? Wie lange möchten Sie sich Zeit dafür nehmen?

Sie könnten damit beginnen, sich täglich ein paar Minuten für das Meditieren zu reservieren, zu einer bestimmten
Zeit oder einfach spontan, wenn es passt. Anstatt einmal die
Woche eine Stunde lang zu meditieren, wäre es besser, täglich eine Minute kurz den Atem zu beobachten. Bedenken
Sie, dass es sich um eine Tätigkeit handelt, die man ein
Leben lang beibehalten sollte. Es ist keine Diät, die man
hinter sich bringt und dann für immer vergisst. So hat man
nichts davon. Also lieber wenig und regelmäßig als sehr
ehrgeizig und dann nie wieder. Falls Sie es hinbekommen,
käme als Ziel in Betracht, zweimal am Tag ungefähr zwanzig
Minuten und zwischendurch ein bis fünf Minuten zu meditieren. Grundsätzlich sollte es etwas sein, was Sie als eine
Bereicherung erleben, vielleicht sogar als etwas, worauf Sie
sich freuen. Es gibt Leute, die jeden Tag irgendein Fitnessprogramm absolvieren. Das macht nicht immer Spaß, aber
wenn man es richtig macht, merkt man, dass es einem nützt.
So sollte es auch bei der Meditation sein.

Im Alltag

Meditation, das ist für die meisten eine Übung wie das
Fitnesstraining. Bei Letzterem geht man beispielsweise ins
Fitnessstudio, aber die übrige Zeit vermeidet man gerne jede
Bewegung. Man nimmt das Auto, statt zu Fuß zu gehen,
selbst wenn es möglich wäre. Der Fahrstuhl oder die Roll-

treppe wird dem Treppensteigen vorgezogen. Man sitzt stundenlang am Schreibtisch und steht höchstens einmal auf, um sich einen Kaffee zu holen. Dadurch wird Bewegung zu etwas, das man zweimal pro Woche im Fitnessstudio »erledigt«. Immerhin sind diejenigen, die sich so verhalten, weiter als die anderen, die überhaupt nichts für ihren Körper tun. Andererseits ist man immer noch meilenweit von einer Lebensweise entfernt, bei der Bewegung auf selbstverständliche Weise ins Leben integriert wäre.

Wer meditiert, ungefähr so, wie ich es oben beschrieben habe, darf sich natürlich bereits zu den bewussteren Persönlichkeiten zählen. Andererseits bleibt man in diesem Fall immer noch weit hinter dem zurück, was möglich wäre. Letztlich geht es nämlich nicht um das Meditieren im stillen Kämmerlein, sondern um mehr Bewusstheit im Alltag. Anstatt den Verstand die meiste Zeit auf Autopilot zu schalten und irgendwelchen Phantasien über die Vergangenheit oder Zukunft nachzuhängen, im Geist imaginäre Gespräche zu führen, Sorgen zu wälzen oder anderes mehr, könnte man die Aufmerksamkeit auf die jeweils gegenwärtige Aufgabe lenken.

Eine kleine Geschichte mag erhellen, worum es bei der alltäglichen Meditation geht: Zwei Schüler berühmter Meister treffen sich. Der eine sagt: »Mein Meister kann Wunder vollbringen: Er schwebt durch die Luft und geht durch das Feuer. Und was kann dein Meister?« »Er vermag ebenfalls wundervolle Dinge: Wenn er schläft, schläft er. Wenn er isst, isst er, und wenn er arbeitet, arbeitet er.«

Ich weiß nicht, ob Ihnen solche alltäglichen Dinge als

Wunder erscheinen. Tatsache ist aber, dass sehr viele, während sie arbeiten, in Gedanken woanders sind, während sie essen, nebenbei Arbeiten erledigen, und während sie schlafen sollten, sich voller Sorgen unruhig hin und her wälzen.

Meditation im Alltag bedeutet, achtsam das zu tun, was gerade ansteht, also mit der Aufmerksamkeit nicht abzuschweifen. Dies ist übrigens kein Widerspruch zum Open-Focus-Bewusstsein. Dabei geht nämlich das Hauptobjekt der Aufmerksamkeit nicht verloren. Es ist nur so, dass andere Dinge ebenfalls zugelassen werden. Erinnern Sie sich an das oben angeführte Beispiel eines Gesprächs, bei dem man die ganze Zeit aufmerksam dem Dialog folgt, auch wenn daneben andere Dinge den Raum der Wahrnehmungen durchstreifen. Wenn man dagegen abschweift, bekommt man Teile dessen, was der andere sagt, nicht mit. Das ist dann etwas ganz anderes als Open Focus.

Tue, was du tust. Oder: Sei mit deiner Aufmerksamkeit immer bei der gegenwärtigen Aufgabe. Das wäre die Anweisung für ununterbrochene Meditation im Alltag. Wer seine Aufmerksamkeit gegenwärtig hält (siehe oben: Satipatthana), macht den Alltag zum Meditationsobjekt. Anders als viele meinen, heißt meditieren nicht »geistig wegtreten«, sondern im Gegenteil auf entspannte Art wach zu sein. Wenn man mit seiner Aufmerksamkeit in der Gegenwart ist, verliert man sich nicht in Tagträumen. Man geht nicht im Halbschlaf durchs Leben, wie es diejenigen tun, die zu müde sind, um wirklich mitzubekommen, was um sie herum vorgeht. Auf der anderen Seite ist man auch nicht übermäßig konzentriert, wie es Notfällen vorbehalten bleiben sollte.

Sich bewegen, handeln, arbeiten und reden im Open Focus bei entspannter Aufmerksamkeit: Wer das die meiste Zeit schafft, meditiert wie ein Buddha.

3. DAS DENKEN ENTSPANNEN

Das ABC der Gefühle lernen

Was meinen Sie, wovon Ihre Gefühle abhängen? Was müsste sich jeweils ändern, damit Ihre Gefühle sich ändern? Anders gefragt: Welche Veränderungen müssten einer Veränderung Ihrer Gefühle vorausgehen? Unter welchen Voraussetzungen würden Ihre Sorgen aufhören? Was müsste passieren, damit Sie sich (wieder) freuen können? Was könnte Sie beruhigen?

Viele glauben, die Umstände müssten sich ändern. Die Sonne müsste (wieder) scheinen. Geld könnte ihre Sorgen beseitigen. Der Traummann oder die Traumfrau müsste in ihr Leben treten. Dann würde alles gut. Die Gesundheit müsste besser sein. Ja, dann wäre es leicht, sich zu freuen oder das Leben zu genießen. Wenn …, dann …

Immer scheint irgendetwas zwischen uns und dem Glück zu stehen. Wir könnten so locker und gelassen sein, wenn nicht … Nehmen Sie einmal ein Blatt Papier und schreiben Sie alles auf, was Ihrem Glück im Wege steht oder was Ihnen fehlt, um richtig glücklich zu sein.

Pause. Bitte lesen Sie erst weiter, wenn Sie wenigstens einen Moment über diese Fragen nachgedacht haben. Sonst

49

nehmen Sie sich die Möglichkeit, eine wichtige Einsicht zu gewinnen.

- Was steht Ihrem Glück im Weg?
- Was bedrückt oder beunruhigt Sie?

Machen Sie auch die »Gegenprobe«:

- Was fehlt Ihnen, um glücklich zu sein?
- Was bräuchten Sie, um morgens gut gelaunt aufzustehen?

Hier können sich andere Antworten ergeben als bei den beiden ersten Fragen. Was einem zu seinem Glück fehlt, ist nicht unbedingt das, was einen zugleich belastet.

Für viele ist es überhaupt kein Rätsel, was ihre positiven oder negativen Gefühle auslöst. Sie sind fest davon überzeugt, dass es die äußeren Umstände sind. Zu ihrem Glück fehlt ihnen ein tolles Auto, eine Villa, ein dickes Bankkonto, eine harmonische Familie und so weiter. Die Belastungen sind auch schnell aufgezählt: die blöde Firma, der bescheuerte Chef, die fiesen Nachbarn, die gesundheitlichen Probleme, das schlechte Wetter und vieles mehr.

Zeitschriften möchten von mir regelmäßig wissen, warum die Menschen auf Hawaii so glücklich sind oder weshalb wir im Urlaub so entspannt sind und wie wir uns diesen Zustand möglichst lange erhalten können. Hinter diesen Fragen steht stets die unausgesprochene Gewissheit, dass Hawaii, Sommer, Urlaub glücklich machen. Als ob es auf Hawaii nur Aloha und Blumengirlanden, im Sommer nur Sonnenschein und im Urlaub nie Stress gäbe.

Hungersnöte, Kriege und andere Katastrophen beeinträchtigen das Glück der meisten davon betroffenen Menschen. Das ist wohl wahr. Aber andere Umstände wie Armut oder Reichtum, Sonne oder Regen, Urlaub oder Arbeit spielen eine nicht so bedeutsame Rolle hinsichtlich des Glücks, wie die meisten glauben. Im Gegenteil: Wenn man das Glück der Menschen misst, sind viele während der Arbeit zufriedener als in ihrer Freizeit.

Falls Sie meinen, dass die äußeren Umstände nicht die unmittelbare Ursache für die Gefühle sind, gehören Sie zu einer kleinen Minderheit. Aber Sie haben recht! Was um uns herum passiert, kann uns nicht direkt glücklich oder unglücklich machen. Sonst müssten alle Menschen in derselben Situation genau dieselben Gefühle bekommen. Das ist aber nicht der Fall.

Wenn 500 Menschen im selben Kino sitzen, sehen sie 500 verschiedene Filme, weil jeder die Handlung anders wahrnimmt und interpretiert. Und selbst wenn ein Einzelner mehrfach hintereinander denselben Film sieht, reagiert er unterschiedlich. Spätestens nach der dritten Wiederholung dürfte er anfangen, sich zu langweilen oder einzelne Szenen neu zu bewerten. Er lacht an Stellen, die er bisher übersehen hat, merkt, dass er Teile des Films falsch verstanden hatte. Bei den spannenden Szenen bleibt er nun gelassen. Was hat sich verändert? Seine zunehmenden Kenntnisse vom Film führen dazu, dass er ihn mit jedem Mal anders erlebt.

So ist es auch im richtigen Leben. Nehmen wir an, verschiedene Menschen haben eine bestimmte Situation unterschiedlich oft erlebt. Neulinge reagieren anders als Erfahrene. Das Vorverständnis führt zu unterschiedlichen

Gefühlen und Verhaltensweisen. Die einzelnen Personen denken verschieden. Daher sind auch ihre Gefühle nicht dieselben.

Eine Notärztin reagiert anders auf ein blutendes Unfallopfer als jemand, der zum ersten Mal mit so einer Situation konfrontiert ist. Sie tut ruhig und konzentriert, was getan werden muss, um dem Verletzten zu helfen. Der zufällige Zuschauer dagegen verspürt möglicherweise heftige Angst oder Ekelgefühle wegen des Bluts.

Anhand der Beispiele können wir folgende Grundsätze aufstellen:

1. Nicht die Situation bestimmt die Gefühle.
2. Die Gedanken lösen die Gefühle aus.
3. Unterschiedliche Gedanken führen zu unterschiedlichen Gefühlen.

Der dritte Grundsatz lässt sich weiter unterteilen:

a) Beunruhigende Gedanken rufen Ängste hervor.
b) Pessimistische Gedanken provozieren depressive Gefühle.
c) Zornige Gedanken bringen Ärger hervor.
d) Glückliche Gedanken lösen Freude aus.
e) Den Tatsachen entsprechende Gedanken führen zu angemessenen Gefühlen.
f) Die Tatsachen übertreibende Gedanken führen zu unverhältnismäßig starken, unangemessenen Gefühlen.

Auch das Konzept des Open Focus lässt sich auf die oben angeführten Beispiele anwenden: Im Kino richten die Zuschauerinnen und Zuschauer ihre Aufmerksamkeit auf verschiedene Dinge. Einige sind in Gedanken ganz woanders und bekommen den Film nur am Rande mit. Andere sind sich, zumindest zeitweise, der Tatsache bewusst, dass sie einen Film anschauen. Sie sehen nicht nur den Film, sondern auch den Kinosaal. Dadurch nehmen sie das Gesehene anders wahr. Die meisten aber vergessen, dass sie im Kino sind. Ihr Bewusstsein wird vollkommen vom Film beherrscht. Das beruht allerdings auf ihrer Entscheidung. Der Film kann ihr gesamtes Bewusstsein nur dann ausfüllen, wenn sie es zulassen. Würden sie ihre Aufmerksamkeit beispielsweise darauf lenken, was sie anschließend machen wollen, wären sie sofort in einem anderen »Film«. Aber auch diejenigen, die ihre volle Aufmerksamkeit auf die Leinwand lenken, achten auf unterschiedliche Details. Die einen blicken zum Hauptdarsteller. Die anderen lassen sich von der weiblichen Hauptrolle faszinieren. Andere wiederum finden die Dekoration so interessant, dass sie sich länger damit beschäftigen. Abgesehen davon, dass alle auf andere Ausschnitte des Film achten, beurteilen sie das Gesehene verschieden. Einige missverstehen das Gesprochene oder verwechseln Personen, was sie natürlich verwirrt, bis sie ihren Irrtum bemerken. Manche bewerten das Gesehene positiv, andere negativ. So kommen auch die ganz unterschiedlichen Urteile der Filmkritiker zustande. Die Bewertungen können von hervorragend über zwiespältig bis ärgerlich reichen. Die Kritik, sei sie zustimmend oder ablehnend, hat stets weniger mit dem Film als vielmehr mit den Kritikern zu tun. Sie sagen, ob sie es wollen oder nicht, mehr über sich als über den Film, auch wenn ihre Urteile meist den Anspruch der Allgemeingültigkeit erheben.

Übungshalber könnten Sie überlegen, wie unterschiedlich die Notärztin und die Passanten das Unfallopfer im Detail wahrnehmen. Dazu müssten Sie das Buch einen Moment zur Seite legen.

Viele Varianten sind denkbar. Ich habe mich für folgende entschieden: Die Notärztin richtet ihre Aufmerksamkeit ganz auf die notwendigen Maßnahmen, die sie einleiten muss, um das Blut zu stillen und die Wunden zu versorgen. Sie sieht, welche Verletzungen vorliegen und was sie Schritt für Schritt zu tun hat, um bestmöglich zu helfen. Vielleicht hat sie für einen Moment die Sorge, ob der Patient überleben wird. Dem geht sie aber nicht nach, sondern nimmt den nächsten Schritt vor. Da sie vollkommen auf ihr Handeln konzentriert ist, ist kein Raum für Gefühle vorhanden. Dafür ist, wenn überhaupt, später Zeit. – Die Passanten dagegen nehmen anderes wahr. Sie sind nicht so nah am Geschehen. Ihr Bewusstsein wird vielleicht ganz von dem Bild des Bluts ausgefüllt, sodass es sie fast überwältigt. Sie stellen sich möglicherweise vor, was sie anstelle des Verletzten empfinden würden. Jedenfalls dürfte ihre Aufmerksamkeit stark von ihren Phantasien erfüllt sein. Das ist der Situation nicht immer angemessen. Manche Verletzungen scheinen auf den ersten Blick viel schlimmer, als sie sind.

Wie auch immer die Gedanken aussehen mögen, egal was ins Bewusstsein der Beteiligten dringt: Ich hoffe, Ihnen ist klar geworden, dass eine Situation allein keine Gefühle oder Handlungen auslöst. Was jemand fühlt oder wie er handelt, ist abhängig davon, was in seinem Kopf vorgeht.

Für unser Thema ist dies eine sehr wichtige Erkenntnis.

Sobald man den Zusammenhang zwischen Gedanken und Gefühlen begriffen hat, ist man davon befreit, Entspannung ausschließlich durch eine Veränderung der Außenwelt erreichen zu wollen. Man kann auch das Denken entspannen. Diese Einsicht ist der erste Schritt.

Widersprechen Sie dem Unsinn

Eine Tatsache ist kein Problem. Sie ist gewissermaßen neutral. Wenn wir uns immer an die reinen Tatsachen halten würden, kämen wir ziemlich gut zurecht. Nehmen wir einmal an, Ihnen tut irgendetwas im Körper weh. Das passiert jedem Menschen fast täglich. Es gehört zu den Allerweltserfahrungen. Nichts Besonderes. Mal zwickt es hier, mal dort. Eine reine Tatsache menschlichen Lebens.

Problematisch wird es erst, wenn man anfängt, sich wegen jeder Kleinigkeit Sorgen zu machen. Hört das noch einmal auf? Oder muss ich von jetzt an mit diesem Schmerz leben? Was ist, wenn es schlimmer wird? So schlimm, dass man es nicht mehr aushalten kann? Was ist, wenn es Krebs ist? Vielleicht der Anfang vom Ende? Es könnte das Zeichen einer unheilbaren Krankheit sein. Wo tut es noch weh? Tat es nicht gestern schon weh? Wird dieses Wehwehchen – noch ist es nur das – immer wiederkehren? Auch das wäre schlimm. Gab es da nicht irgendwelche Erbkrankheiten in der Familie mütterlicherseits? Mein Gott, ich kann es nicht mehr aushalten. Ich sollte mich sofort in die Notaufnahme des Krankenhauses begeben. Hiiiiilfe!

Für manche sind solche Gedanken alltäglich. Sie nehmen Lappalien immer wieder zum Anlass für ernste Sorgen. Wer tatsächlich wegen jeder Unpässlichkeit den Arzt oder das Krankenhaus aufsucht, beginnt eine Karriere als Hypochonder. Das passiert, wenn man aus Mücken Elefanten macht. Die Tatsachen (Mücken) sind nicht schlimm. Die Phantasien (Elefanten) können einem das Leben zur Hölle machen.

Im Grunde genommen handelt es sich um ein Missverständnis, wenn man jedes Unwohlsein für das mögliche Zeichen einer schweren Erkrankung hält. Es ist einerseits eine Übertreibung, andererseits schwärzester Pessimismus und last but not least eine voreilige Schlussfolgerung.

Je öfter man reine Tatsachen ins Irreale verzerrt, desto mehr Stress macht man sich. Leider ist die Zahl solcher Missverständnisse groß. Lassen Sie uns ein paar davon genauer anschauen:

Unberechtigte Schuldzuweisungen – Sie glauben, dass Sie allein für einen Fehler verantwortlich sind, obwohl andere ihren Teil dazu beigetragen haben. Oder Sie weisen anderen die ganze Schuld zu und übersehen Ihren eigenen Anteil.

Übertreibungen und Untertreibungen – Sie tun so, als ob eine Katastrophe passiert sei. In Wirklichkeit wurde nur ein Glas Wasser verschüttet. Ein Fußballspieler wirft seinem Gegenspieler bei einem Foul Schauspielerei vor. Tatsächlich hat er ihm bei seiner Attacke ein Bein gebrochen.

Voreilige Schlussfolgerungen erscheinen in zwei Formen:
Gedankenlesen – Sie glauben zu wissen, was andere von

Ihnen denken, und vermuten oft vollkommen zu Unrecht Negatives.

Wahrsagen – Sie meinen, die Zukunft vorhersagen zu können. Besonders gern prophezeien Sie negative Entwicklungen.

Mentales Filtern – Bei diesem Denkfehler nimmt man nur das Negative wahr und übersieht das Positive.

Abwerten – Sie setzen Ihre Erfolge und positiven Eigenschaften oder die von anderen Menschen herab: »Das ist doch nicht der Rede wert. Das kann jeder.«

Unangemessenes Verallgemeinern – Wenn eine Person Sie ignoriert, glauben Sie, die Menschen interessieren sich nicht für Sie.

Die Kognitive Verhaltenstherapie hat noch mehr dieser Denkfehler bzw. Missverständnisse herausgefunden. Was manche früher für tief sitzende Neurosen hielten, hat sich bei genauerem Hinsehen als eine ständige Wiederholung typischer Gedankenfehler herausgestellt. So ist beispielsweise Hypochondrie letztlich nichts anderes als eine übertriebene Wahrnehmung der körperlichen Befindlichkeit, verbunden mit voreiligen Schlussfolgerungen. Mehr darin zu sehen, wäre wohl selbst ein Gedankenfehler.

Fehler zu erkennen, genügt nicht. Man muss sie auch korrigieren, wenn man nicht immer wieder darunter leiden will. Wer also zu Übertreibungen neigt, sollte sich dieser Tendenz bewusst sein und sich stärker auf die reinen Tatsachen konzentrieren. Das ist leichter gesagt als getan. Gewohnheiten haben ein großes Beharrungsvermögen. Nur wenn man über einen längeren Zeitraum bewusst anders denkt und handelt, ändern sie sich. Daran scheitern die meisten. Sie glauben, es genüge, einen Fehler einzusehen. Oder sie geben zu schnell auf, wenn sich nach ein paar Korrekturen nicht sofort anhaltende Verbesserungen einstellen.

Wenn ich anderen die Grundsätze der Kognitiven Therapie erkläre, meinen einige, sie eigne sich nur für kleinere Probleme. Dazu kann ich nur sagen, dass Aaron T. Beck und sein Team diese Methode für die Behandlung von Depressionen entwickelt haben. Sie hat sich als wirksamer erwiesen als Medikamente und alle anderen bekannten Therapieverfahren. Die Kognitive Therapie gehört zu den wenigen dieser Verfahren, die klinisch überprüft sind und den Wirksamkeitstest bestanden haben. Bei wirklichen Depressionen (nicht bei solchen Problemen, die in der Alltagssprache des Öfteren leichtfertig als »Depressionen« bezeichnet werden) kann es um Leben und Tod gehen, weil depressive Patienten unter Umständen Selbstmord begehen. Die Annahme, dass diese Methode bei schweren Problemen unwirksam sei, ist also falsch. Das Gegenteil ist richtig. Da sie sogar in schwierigen Fällen funktioniert, eignet sie sich erst recht für den alltäglichen Stress.

Sie können von den Erkenntnissen der Kognitiven Therapie profitieren, wenn Sie sich angewöhnen, in Stresssituationen Ihre Gedanken zu überprüfen. Ziehen Sie nicht voreilig den Schluss, die Situation allein sei schuld an Ihrem Gefühl der Überlastung. Eine andere Reaktion setzt voraus, dass man erst einmal einen Moment innehält und sich die folgenden Fragen stellt:

– Wie fühle ich mich?

Beispiele: Ich habe Angst, mache mir Sorgen, bin stock-sauer, enttäuscht.

Orientieren Sie sich dabei an den drei großen belasten-den Gefühlen: Angst, Ärger, Trauer.

– Was ist eigentlich passiert? Was sind die Tatsachen?

Überlegen Sie sich, was eine Videokamera aufgenommen hätte. Eine Kamera zeichnet nämlich nur Tatsachen auf und keine Schlussfolgerungen!

– Was ging mir durch den Kopf, als es geschah? Was denke ich darüber?

– Habe ich möglicherweise etwas missverstanden? Ver-zerre ich die Realität, indem ich übertreibe, die Zukunft negativ voraussehe, verallgemeinere, nur das Negative wahrnehme, das Positive abwerte, Gedanken lese, un-gerechtfertigte Schuldzuweisungen vornehme?

– Wie kann ich diese Fehleinschätzungen korrigieren?

Halten Sie sich strikt an die Tatsachen. Verzichten Sie auf unbeweisbare Schlussfolgerungen, maßlose Über-treibungen und Ähnliches.

Wie werde ich den Tatsachen entsprechend über die Si-tuation denken, wenn sie real oder in meinen Gedanken wieder auftaucht?

– Seien Sie beharrlich. Widersprechen Sie dem Unsinn, den Sie denken, jedes Mal.

Wenn Sie so vorgehen, haben Sie den zweiten Schritt gemeistert, um Ihr Denken zu entspannen.

Hilfreiche Gedanken entwickeln

Ein Missverständnis verdient besondere Beachtung: die Vorstellung, wie bestimmte Dinge zu sein haben. »Müssen« ist in diesem Zusammenhang das Schlüsselwort. Viel zu oft glauben wir, dass wir selbst, andere, ja die Welt im Ganzen so sein müssen und das zu tun haben, was wir verlangen. Dieses Missverständnis kann nur zu Stress führen.

Der amerikanische Psychologe und Begründer der Rational-Emotiven Verhaltenstherapie Albert Ellis (1913–2007) hat ein paar dieser sehr verbreiteten, aber unerfüllbaren und daher Stress verursachenden Forderungen zusammengestellt:

— Die Vorstellung, man müsse unbedingt von jedem geliebt und anerkannt werden
   So zu denken ist vollkommen unvernünftig, weil man auch dann sehr gut zurechtkommt, wenn manche einen nicht mögen und einem ihre Anerkennung vorenthalten. Die Angst vor Ablehnung ist bei den meisten Menschen stark übertrieben. Sie machen sich damit nur das Leben schwer.

— Die Überzeugung, man müsse in jeder Hinsicht kompetent, tüchtig und leistungsfähig sein
   Was für eine Überforderung! Man kann auf einigen Gebieten relativ sachverständig sein und in manchen Bereichen sogar ziemlich tüchtig und leistungsfähig. Für kurze Zeit bringen es wenige sogar zu erstaunlich hohen Leistungen. Aber immer und überall Bescheid wissen und stets alles richtig machen zu wollen, ist ein absolutes

Ding der Unmöglichkeit. Dies hindert die meisten aber nicht, es von sich und anderen zu verlangen. Das Ergebnis: die ständige Angst vor dem Versagen.

– Die Idee, dass die Dinge so sein müssen, wie man sie gerne haben möchte

Vermutlich ist diese Forderung am stärksten für unser Unglücklichsein verantwortlich. Wir entwickeln bestimmte Vorstellungen von der Zukunft. Wir planen den Tag, die Woche, das Jahr, das Leben. Das ist für sich genommen sogar vernünftig, weil es dazu beiträgt, vieles zu erreichen. Aber was machen wir, wenn das Universum uns einen Strich durch die Rechnung macht? Dann jammern und klagen wir. Oder bekommen einen Wutanfall. Je nach Temperament. Als ob wir einen Anspruch darauf hätten, dass alles nach Plan läuft, wohlgemerkt: nach unserem Plan!

– Der Glaube, dass unser Leben immer leicht und bequem sein muss

Beachten Sie bitte den Unterschied: Es ist verständlich und oft ratsam, sich die Dinge leicht zu machen. Komfort macht das Leben angenehm. Gegen den Wunsch nach Bequemlichkeit ist nichts einzuwenden. Etwas ganz anderes ist die unbedingte Forderung, dass alles immer leicht sein müsse. Dass unser Leben stets bequem sein müsse. Wenn wir aus dem Wunsch eine Forderung machen, werden wir überempfindlich gegen Strapazen. Manchmal ist es notwendig, Anstrengungen auf sich zu nehmen. Lernen ist nicht nur mit Spaß, sondern auch mit Mühe verbunden. Arbeit kann interessant sein, aber sie verlangt auch die Bewältigung von Problemen. Muskeln entwickeln sich gegen die Schwerkraft, nicht indem man mit Wattebäuschchen wirft. Auch innere Kräfte wachsen nur an Schwierigkeiten. Deshalb ist ein ganz und gar bequemes Leben nicht wünschenswert.

Es ließen sich noch weitere unerfüllbare Forderungen formulieren, beispielsweise dass für jedes Problem eine perfekte Lösung gefunden werden müsse, die anderen nie Fehler machen dürften, die Kindheit glücklich sein müsse, die Welt gerecht zu sein habe, es keine unerwünschten Veränderungen geben dürfe, man selbst und alle geliebten Personen unsterblich sein müssten, alle Krankheiten verschwinden müssten, man immer jung bleiben müsste und so weiter und so weiter. Fügen Sie hinzu, was immer Sie möchten.

Leider, leider, leider ist die Welt nicht so. Das Verlangen nach Unerfüllbarem führt nur zu Stress. Es wäre besser, auf solche realitätsfremden Forderungen zu verzichten. Wie Sie sehen, sind sie alle mit einem unbedingten Müssen verbunden. Müssen bedeutet Zwang, Einschränkung, Fixierung, Druck. Das alles ist unangenehm und so fühlen sich Muss-Forderungen auch an. Wieder sind nicht die Tatsachen das Problem, sondern der Anspruch, dass die Wirklichkeit anders sein sollte.

Wie kommt man weg von diesen unerfüllbaren Forderungen? Wie löst man die Fixierungen auf?

Überlegen Sie selbst. Legen Sie das Buch zur Seite und denken Sie darüber nach, wie die oben genannten Muss-Forderungen zu Stress führen. Welche dieser illusorischen Ansprüche stellen Sie an sich, die anderen und die Welt? Ist

Ihnen bewusst, wie Sie sich dadurch selbst unnötiges Leid schaffen? Was könnten Sie sich sagen, um die Dinge entspannter zu sehen?

Sie haben mehr davon, wenn Sie über diese Fragen jetzt oder demnächst nachdenken. Vielleicht finden Sie unbedingte Forderungen, die ich hier nicht genannt habe, mit denen Sie sich jedoch häufig das Leben schwer machen. Sie könnten Alternativen entdecken, die ich nicht beschreibe.

Hier sind meine Vorschläge, um das unbedingte Müssen im Denken und Handeln zu überwinden:

– Widersprechen Sie dem Unsinn.

Am einfachsten ist es, die übertriebenen Ansprüche zu verneinen, indem Sie sich so etwas Ähnliches sagen wie: »Nicht jeder Wunsch muss in Erfüllung gehen. Vielleicht wäre es anders schöner. Aber es geht auch so. Nicht alle müssen mich lieben. Ich hätte es zwar gerne, aber unbedingt nötig ist es nicht. Ich muss nicht immer und auf allen Gebieten kompetent und leistungsfähig sein. Es ist o. k., manches nicht zu wissen. Erfolg ist eine feine Sache, aber das heißt nicht, dass mir alles gelingen muss, schon gar nicht auf Anhieb. Ich darf Fehler machen. Das gestehe ich auch jedem anderen zu. Menschen machen Fehler. Das ist bedauerlich, aber normalerweise keine Katastrophe. Manchmal unterlaufen einem auch dumme Fehler. Sogar schwere Fehler kommen vor. So ist das Leben. Das alles sind keine Gründe, die Tatsachen anders zu sehen, als sie sind.«

– Erweitern Sie Ihre Wahrnehmung.

Die Muss-Forderungen verengen den Blickwinkel. Man bekommt einen Tunnelblick: »Genau so muss es sein – und kein bisschen anders.« Hier hilft es sehr, diese einseitige Wahrnehmung zu erweitern. Entspannen Sie sich nach der Open-Focus-Methode. Dann erkennen Sie, dass Ihr Problem nur einen Teil Ihres inneren Raumes einnimmt. Die meisten von uns haben leider gelernt, selbst kleineren Problemen die volle Aufmerksamkeit zu schenken. Dadurch lebt man nach einiger Zeit ständig im Notfallmodus. Das Leben kommt einem dann vor wie eine Serie von Katastrophen. Man verkrampft sich und hat das Gefühl, dass das Leben mehr Last als Lust ist. Dadurch dass man die ganze Aufmerksamkeit auf die Probleme richtet, beherrschen sie das Bewusstsein. Man vergisst die erfreulichen Dinge des Lebens. Anstatt zu würdigen, was man hat, sieht man überall nur Mangel. Man könnte die eigenen Stärken und Tugenden anerkennen. Stattdessen konzentriert man sich auf die Schwächen und Fehler. So entsteht ein negativ verzerrtes, einseitiges Bild von der eigenen Person, anderen Menschen und der Welt, in der man lebt. Durch eine Öffnung der Wahrnehmung rückt man die Dinge gerade. Im erweiterten Raum der Aufmerksamkeit haben Probleme und Lösungen, Stärken und Schwächen, Erfreuliches und Unangenehmes Platz. Man nimmt wieder wahr, dass es viele Wege zum Glück gibt und nicht nur einen einzigen. Fixierungen werden aufgelöst, Zwänge beseitigt. Die Dinge dürfen so sein, wie sie sind; denn man hat Wahlmöglichkeiten, sowohl im Denken als auch im Handeln. Sobald einem die Alternativen zugänglich werden, ändern sich die Gefühle. Man kann sich (wieder) entspannen, auch wenn nicht alles genau so ist, wie man es eigentlich gerne hätte.

Indem Sie von diesen Möglichkeiten Gebrauch machen, haben Sie den dritten Schritt geschafft, nämlich sich von der Tyrannei des Müssens zu befreien.

Einsicht allein genügt nicht

Selbst wenn Sie sich von dem Zusammenhang zwischen Gedanken und Gefühlen überzeugt haben und Ihre Denkfehler, insbesondere die unbedingten Muss-Forderungen, korrigiert haben, werden Sie nicht jedes Mal einen Erfolg feststellen.

Dafür gibt es drei Gründe:

1. Sie müssen von der neuen Sichtweise überzeugt sein, sonst bleiben die alternativen Gedanken wirkungslos. Ob es Ihnen gelungen ist, eine Situation mit neuen Augen zu sehen, erkennen Sie daran, dass Ihre negativen Gefühle beseitigt oder verringert sind.

Beispiel: In einem feinen Restaurant stoßen Sie versehentlich Ihr volles Rotweinglas um. Sie denken: »Was bin ich für ein Idiot. Alle halten mich jetzt für einen Menschen ohne Tischmanieren. Der Abend ist gelaufen. Am besten ist es, wenn ich nur noch Wasser trinke, das gibt wenigstens keine Flecken.« Sie möchten am liebsten im Boden versinken. Die Situation ist Ihnen furchtbar peinlich.

Wie Sie bei genauerem Hinsehen bemerken, enthalten diese Gedanken mehrere Fehler: Die Bezeichnung »Idiot« ist vollkommen übertrieben. Tatsache ist, dass alle Menschen fehlbar sind. Dadurch werden Sie aber nicht zu Idioten. Es mag sein, dass sich Menschen manchmal idiotisch verhalten. Das Umstoßen eines Weinglases gehört nicht zu den idiotischen Verhaltensweisen. Was die anderen denken, können Sie nicht wissen. Sie ziehen voreilige Schlüsse. Wegen des Malheurs einen unerfreulichen Verlauf des Abends zu erwarten, ist hinsichtlich der Zukunft eine unnötige Schwarzmalerei. Sie sehen nur dieses eine negative Ereignis und blenden alles Positive aus.

Außerdem stecken hinter diesen Gedanken einige unausgesprochene Muss-Forderungen. Selbst wenn die anderen Sie wegen des kleinen Vorfalls ablehnen sollten, ist das keine Katastrophe. Nicht alle müssen Sie lieben. Es wird genügend Menschen geben, denen das Gleiche auch schon passiert ist und die Verständnis für Sie haben werden. Sie müssen nicht immer alles richtig machen. Es kommt vor, dass man sich ungeschickt verhält. Sie dürfen Fehler machen und Pech haben – so wie alle anderen auch. Die Dinge müssen nicht immer so laufen, wie Sie sich das wünschen. Ein umgestoßenes Weinglas ist nun wirklich kein großes Unglück.

In dieser Weise könnten Sie Ihre Denkfehler korrigieren. Das heißt aber nicht, dass Sie automatisch von diesen wirklichkeitsgemäßeren Gedanken überzeugt sind. Insgeheim denken Sie vielleicht weiter: »Das mag ja alles stimmen. Aber es ist trotzdem schrecklich, dass mir das passiert ist.« Das wäre dann Ihre wahre Überzeugung. Sich einzureden: »Ach, das macht rein gar nichts«, ist zwecklos, wenn man nicht daran glaubt. In diesem Fall werden Sie sich mehr Zeit nehmen müssen, eine Sichtweise zu finden, die Sie wirklich davon überzeugt, dass mit dem Umstoßen des Weinglases nichts Schlimmes passiert ist.

Es geht also nicht darum, Gedanken, an die Sie stark glauben, gegen solche auszutauschen, die Ihnen nur ein bisschen einleuchten. Das Ziel ist, die alten Stressgedanken infrage zu stellen: Hilft mir das weiter, so zu denken? Handelt es sich um mehr als eine bloße negative Annahme? Gibt es Beweise, dass meine bisherigen Gedanken den Tatsachen entsprechen? Erst wenn Sie aufhören, den Unsinn weiter zu glauben, den Sie sich so oft eingeredet haben, haben die neuen Gedanken eine Chance, Sie zu überzeugen. Erst dann ändern sich Ihre Gefühle.

2. Bei besonders hohem Stresspegel ist der Versuch, mittels anderer Gedanken seine Stimmung zu verbessern, meist hoffnungslos. In diesem Fall ist eine andere Methode, die wir im nächsten Kapitel (»Das wahre Leben«) kennenlernen werden, vielversprechender.

3. Eine einmalige Einsicht bringt noch keinen dauerhaften Erfolg. Eine lang anhaltende Wirkung erzielen Sie erst, wenn Sie die neuen Gedanken einüben. Nehmen wir einmal an, die alternativen Gedanken in dem oben angeführten Beispiel würden Sie überzeugen. Dann wäre damit keineswegs garantiert, dass Sie bei dem nächsten Malheur nicht wieder Ihr demoralisierendes Denken bevorzugen würden. Im Gegenteil: Es wäre sogar wahrscheinlich. Die alten ungünstigen Gedanken stellen eine Gewohnheit dar und Gewohnheiten ändern sich nur durch Training. Das bedeutet, Sie müssten im Kopf und vor allem in der Realität üben, anders über Missgeschicke zu denken. Mit der Zeit entsteht

dann eine neue Gewohnheit, sodass Sie spontan auf solche Situationen vernünftiger reagieren.

Übung ist der vierte Schritt, um das Denken zu entspannen.

4. DAS WAHRE LEBEN

Glauben Sie an Mythen?

Entspannung ist ein angenehmer Zustand. Deshalb erscheint uns Menschen ein Leben ohne Stress erstrebenswert. Leider verbinden manche damit falsche Vorstellungen. Wir wollen hier ein paar davon genauer unter die Lupe nehmen.

Mythos Nr. 1
Entspannung ist der natürliche Zustand des Menschen.
Die Natur des Menschen zu definieren ist eine heikle Angelegenheit. Allzu oft passiert dabei der Fehler, nur bestimmte Eigenschaften als natürlich zuzulassen und alle anderen auszuschließen. Manche meinen, der Mensch sei von Natur aus gut. Andere sind vom Gegenteil überzeugt. Ist Sex natürlich oder unnatürlich? Ist Homosexualität natürlich oder unnatürlich?

Der Versuch, bestimmte Verhaltensweisen dem Wesen oder der Natur des Menschen zuschreiben zu wollen, geht meiner Meinung nach in die Irre. Menschen sind nicht definierbar. Sie sind – wie wir im nächsten Kapitel sehen werden – stets mehr als ein bestimmter Teil ihres Seins.

Entspannung ist einfach ein bestimmtes Verhalten. Man entspannt sich oder verspannt sich. Die meisten tun das eine genau wie das andere unbewusst. Fast alle haben gelernt, sich in bestimmten Situationen zu verkrampfen. Genauso gut kann man jedoch lernen, sich zu entspannen. Wenn man will und entsprechend trainiert, kann man praktisch in jeder Situation gelassen bleiben. Mit der Natur des Menschen hat das nur insofern etwas zu tun, als man sowohl das eine (Entspannung) als auch das andere (Stress) erfahren kann.

Da die meisten eine Menge Stress erleben, wünschen sie sich einen Ort, der frei davon ist. Damit erliegen sie dem Irrtum, dass Entspannung von den äußeren Umständen abhängig sei. Ein Paradies an irgendeinem Punkt der Welt oder in irgendeiner Zeit – sei es in der Vergangenheit, Gegenwart oder Zukunft – zu vermuten, ist nachvollziehbar, beruht aber auf einem Missverständnis. Wenn es ein Paradies gibt, dann ist es in uns. Es an fernen Orten oder in anderen Zeiten zu suchen führt zu nichts. Es ist eine reine Sehnsucht (mehr dazu in meinem Buch ›Sehnsucht. Die Suche nach dem vollkommenen Glück‹).

Manche wünschen sich in ihrer Not jemanden, der sie von allen Beschwernissen des Lebens befreit. Leider erfüllt sich auch diese Hoffnung nicht. Niemand kann uns den Stress, den wir uns selber machen, abnehmen. Nur eine Person ist dazu imstande: wir selbst. Da wir eine Menge Leid selbst verursachen, könnten wir genauso gut damit aufhören – wenn wir es denn wollten und lernten, wie.

Mythos Nr. 2

Stress ist unnatürlich und muss behandelt werden.

Wenn Entspannung der natürliche Zustand des Menschen sein soll, muss logischerweise jede Abweichung davon unnatürlich sein. Nach meiner Ansicht steht dahinter ein unzutreffendes Bild von der Natur des Menschen. Stress gehört ebenso wie Entspannung grundsätzlich zu unserer Erfahrungswelt. Wenn man so will, liegt beides in der Natur des Menschen. Sie lässt sich nicht auf das reduzieren, was einem gerade passt, sondern ist umfassender. Aber dazu, wie gesagt, mehr im nächsten Kapitel.

Die Vorstellung, dass Stress unbedingt behandelt werden muss, ist fragwürdig. Einerseits handelt es sich dabei um eine dieser selbst schon Stress erzeugenden Muss-Forderungen. Andererseits ist sie Ausdruck einer zunehmenden Pathologisierung des Alltagslebens. Die medizinisch-pharmazeutische Industrie ist daran interessiert, immer neue Krankheiten zu erfinden. Erscheinungen, die früher als normal oder zumindest erträglich betrachtet wurden, werden heute als pathologisch und nicht weiter hinnehmbar bezeichnet. Mehr oder weniger willkürlich bestimmte Grenzwerte teilen die Befindlichkeiten ein in das »Gesunde« und das »Kranke«. Dann braucht man nur noch die Grenzwerte ständig zu senken und immer mehr Menschen gelten als »krank«. Besonders schön kann man dies an den Klassifikationssystemen für psychische Erkrankungen ablesen. Mit jeder Neuauflage werden die entsprechenden Handbücher umfangreicher. Jede »Abweichung« von der »Norm« ist danach im Prinzip ein Fall für den Arzt oder Psychologen. Selbstverständlich ist eines

der Motive hinter dieser Entwicklung pure Geschäftema-
cherei der im »Gesundheitswesen« Tätigen. Mehr noch aber
ist diese Entwicklung gespeist von einer falschen Vorstellung
vom Leben. Stress, Krankheit, Alter und Tod werden als Fehler der Natur angesehen, die um jeden Preis bekämpft und
korrigiert werden müssen, obwohl sie doch nur die Kehrseite
von Entspannung, Gesundheit, Jugend und des Lebens sind.
Sie sind untrennbar miteinander verbunden. Ohne Alter
wüsste man überhaupt nicht, was Jugend ist. Ohne Stress
gäbe es keine Entspannung. Die Gegensätze können nur zusammen existieren.

Stress ist weder unnatürlich, noch muss er immer beseitigt werden. Er gehört dazu. Stress kommt und geht. Oft
ist nicht mehr nötig, als zu warten, bis er von allein wieder
verschwindet. Kein Grund, sich darüber aufzuregen! Warum
sich Stress wegen des Stresses machen?

Eigentlich geht es um zweierlei:

Erstens ist nur Dauerstress schädlich. Wenn die Belastungen sehr häufig, sehr lange und sehr hoch sind, ist
es ratsam, etwas dagegen zu unternehmen. Zu viel Stress
beeinträchtigt das Leben durchaus. In diesem Fall lohnt es
sich, für mehr Entspannung und Erholung zu sorgen. Aber
aus dem gewöhnlichen Alltagsstress sollte man keine große
Sache machen, sondern ihn einfach tolerieren wie vorüber-
ziehende Regenwolken am Himmel. So halte ich es zum
Beispiel. Ich lebe nicht rund um die Uhr im Bewusstsein des
Open Focus oder korrigiere ständig meine kleinen Missverständnisse, gegen die auch ich nicht immun bin. Nur wenn
mich irgendetwas länger und intensiver belastet, wende ich

eine der in diesem Buch dargestellten Methoden an. Es ist gut zu wissen, dass man jederzeit dem Stress Einhalt gebieten kann, wenn es wirklich nötig ist.

Zweitens ist zu wenig Stress ebenfalls ungesund. Menschen sind dafür ausgerüstet, Belastungen zu ertragen. Ohne sie liegen diese Fähigkeiten brach. Nur durch Anstrengungen bilden wir Muskeln aus. Ohne Widerstände werden wir schwach und krank.

Uns geht es dann nicht anders als den Fischen in dem folgenden Experiment. Forscher haben Fische in drei verschiedenen Aquarien unterschiedlichen Bedingungen ausgesetzt. Im ersten erlebten die Tiere starken Dauerstress, im zweiten war die Stressbelastung mäßig. Im dritten lebten die Fische wie im Paradies. Die Temperaturen waren konstant optimal, ebenso das Futter und alle übrigen Umweltbedingungen. Es erstaunt nicht, dass die Fische unter Dauerstress eingingen. (Die ethischen Bedenken gegen dieses Experiment möchte ich hier dahingestellt sein lassen.) Nicht zu erwarten war dagegen, dass die Tiere auch unter den bestmöglichen Umständen eingingen. Man sagt, dass Esel aufs Eis gehen, wenn sie es zu gut haben, und dass Menschen nicht mehr als drei gute Tage hintereinander ertragen. Fischen ergeht es offenbar ähnlich. Nur diejenigen, die unter mittleren Belastungen lebten, waren wohlauf.

Daraus kann man den Schluss ziehen, dass es nicht gut ist, jederzeit ganz entspannt zu leben, auch wenn man es sich gelegentlich wünschen mag. Nicht jeder Stress muss vermieden oder bekämpft werden.

Mythos Nr. 3

Man muss alle Belastungen loswerden, bevor man ein gutes Leben führen kann.

Was ist denn ein gutes Leben? Eines ohne Stress, aber auch ohne Höhepunkte? Oder eines, das produktiv und erfüllt ist, aber gleichzeitig ein gewisses Maß an Mühe und Anstrengung mit einschließt?

Frei zu sein von allen Lasten und Beschwernissen, ist keine Voraussetzung, um mit seinem Leben zufrieden zu sein. Im Gegenteil: Es macht Spaß zu spüren, dass man den Herausforderungen gewachsen ist. Mit den Belastungen steigt in der Regel auch die Belastbarkeit. Je öfter man die Erfahrung macht, dass man mit Problemen fertig wird, desto geringer wird die Angst vor ihnen. Und weniger Angst bedeutet weniger Stress. Der Weg zu einem entspannten Leben führt also nicht an den Problemen vorbei, sondern mitten durch sie hindurch.

Ein bisschen crazy und doch recht vernünftig

Vielleicht ist bei Ihnen der Eindruck entstanden, Sie müssten alle Ihre Missverständnisse und Gedankenfehler korrigieren, als Sie gelesen haben, dass dies eine der Hauptquellen des ungesunden Stresses ist. Dem ist jedoch nicht so. Alle kognitiven Fehler beseitigen zu wollen wäre einerseits bereits wieder eine Übertreibung (alle!), andererseits ein Ding der Unmöglichkeit.

Es ist vollkommen normal, mit einem gewissen Maß an

verrückten Gedanken und stressigen Gefühlen durch den Alltag zu gehen. Niemand ist vollkommen frei davon. Der Bewegungspädagoge F. M. Alexander hat einmal gesagt, es gebe auf der Welt nur »Idioten« und »verdammte Idioten«. Damit meinte er, die »Idioten« seien sich immerhin bewusst, wie stark sie Irrtümern unterworfen sind. Die »verdammten Idioten« dagegen wüssten nicht einmal, wie verrückt sie sind. Möglicherweise ist dies eine recht realistische Sichtweise. Jedenfalls ist es sehr hilfreich, sich vom größten Teil der Gedankenfehler zu befreien und den Rest einfach hinzunehmen. Man muss nicht perfekt sein, um den allermeisten Stress hinter sich zu lassen.

Das Bemühen, niemals irrational zu denken, könnte sogar das Gegenteil bewirken. Wer immer positive Gedanken haben will, neigt dazu, die Realität ins andere Extrem zu verzerren. Was bringt es, sich einreden zu wollen, dass alles immer ganz großartig sei? Und wer hat das nötig? Zum Menschsein gehören traurige, enttäuschende, ärgerliche und beängstigende Erfahrungen. Der Reichtum der Gefühle besteht nicht nur aus Glück, Gelassenheit und Liebe. Nur wer Angst vor »negativen« Gefühlen hat, versucht, diese zu vermeiden.

Aber gerade die Angst vor der Angst und anderen unangenehmen Empfindungen verstärkt diese und verleiht ihnen Dauer. Normalerweise entstehen und vergehen Gefühle in rascher Folge. Sie ziehen einfach durch den Raum des Bewusstseins. Sobald man ihnen aber besondere Aufmerksamkeit zuwendet, lädt man sie zum Bleiben ein – und das ist das Gegenteil dessen, was diejenigen, die negative Gefühle ablehnen, eigentlich möchten.

Vor allem wenn der Stresspegel einen gewissen Punkt überschritten hat, ist es schwierig, die Gedankenfehler zu identifizieren, die zu der Eskalation beigetragen haben. Das gelingt in der Regel erst, wenn man sehr viel Übung darin hat, verzerrte Wahrnehmungen schnell zu erkennen und zu korrigieren. Am Anfang ist es besser, sich erst zu beruhigen, bevor man über die Situation nachdenkt.

Die Fortschritte erfolgen in drei Stufen: Die erste hat man erreicht, wenn es einem gelingt, die Stress auslösenden Gedanken wahrzunehmen und zu ändern, *nachdem* die Situation vorüber ist. In der zweiten Phase sind Sie in der Lage, Missverständnissen Einhalt zu gebieten, *sobald* sie auftreten. Erst nach einem längeren Training werden die meisten Übertreibungen und Verzerrungen der Tatsachen in Ihrem Denken keine Rolle mehr spielen. Sie merken es daran, dass Sie nur noch selten, nur für kurze Zeit und nicht mehr so intensiv Stress erleben.

Um es noch einmal zu betonen: Es geht nicht darum, alle Stressgedanken für immer und ewig loszuwerden. Niemand denkt rein rational. Jeder hat ab und zu verdrehte Gedanken. Keiner hat immer gute Laune. Alle Menschen kennen Stress und sind manchmal unglücklich.

Entscheidend ist das Verhältnis von Glück und Stress. Es ist erstrebenswert, dass man sich die meiste Zeit an die Tatsachen hält und nur ausnahmsweise Opfer der eigenen Übertreibungen wird. Glücksforscher empfehlen, dass positive und negative Gefühle in einem Verhältnis von 3:1 stehen sollten. Das ist ein Wert, den die meisten Menschen derzeit nicht erreichen. Wer siebzig bis neunzig Prozent seiner Zeit

Glück, Gelassenheit, Liebe empfindet, darf sich wirklich glücklich schätzen!

Was macht man aber in den Zeiten, in denen man ängstlich, sorgenvoll, verärgert oder niedergeschlagen ist? Am wichtigsten ist es, sich von seinen negativen Gedanken und Gefühlen nicht beherrschen zu lassen. Auch wenn es einem emotional schlecht geht, kann man konstruktiv handeln. Das Verhalten ist im Gegensatz zu den Gedanken und Gefühlen am leichtesten zu steuern. Man muss seinen Ärger nicht hinausschreien. Jeder, der klug ist, zügelt gegenüber seinem Chef oder seiner Chefin seine Zunge, auch wenn er vor Wut kocht. Wer es nicht auf eine Trennung anlegt, wird darauf verzichten, bei einem Streit mit seinem Partner bzw. seiner Partnerin erregt zu rufen: »Dann lass dich doch scheiden!« Anstelle solcher momentanen »Entgleisungen« ist es besser, sich Zeit zu nehmen, die Situation zu verlassen, sich zu beruhigen und dann in Ruhe über eine konstruktive Reaktion nachzudenken.

Gegen das Gefühl der Angst hilft oft nur mutiges Verhalten. Sonst gibt man den Ängsten mehr Bedeutung, als sie verdienen. Sich zu trauen, kleine Risiken einzugehen, stärkt den Entschluss, auch beim nächsten Mal mutig zu handeln. Der Angst nachzugeben und schwierige Situationen zu vermeiden, hilft einem auf Dauer nicht. Diejenigen, die ihre Ziele erreichen, haben gelernt, trotzdem zu handeln.

Leidet man unter Alltagsblues, ist es verkehrt, den Kopf hängen zu lassen und sich zurückzuziehen. Jedenfalls ist es besser, sich das höchstens für kurze Zeit zu erlauben. Man kann auch mit schlechter Laune etwas Schönes unternehmen, selbst wenn es schwerfällt. Die Stimmung wird dadurch in vielen Fällen besser.

Die Grundregel lautet daher, nicht zu warten, bis man wieder vollkommen klar denken kann und glücklich ist, sondern mit seinen verdrehten Gedanken und negativen Gefühlen das zu tun, was ansteht. Es macht keinen Sinn, längere Zeit seine Ängste, seinen Ärger und seine Enttäuschungen zu pflegen. Ein bisschen crazy zu sein und sich auch entsprechend zu fühlen, ist vollkommen in Ordnung. Entscheidend ist, trotzdem das zu tun, was vernünftig ist.

Hin- und hergerissen, aber erfolgreich

Die Ergebnisse der eigenen Bemühungen werden einem nicht immer gefallen. Aus diesem Grund scheuen einige es, sich überhaupt anzustrengen. Sie wollen Misserfolge und Fehler vermeiden. Die Tragik dieser Strategie besteht darin, dass man damit nicht nur Fehlschlägen entgeht, sondern auch den Freuden des Lebens. Ich erinnere den Titel eines Songs, der »You can't have the highs without the lows« hieß (Du kannst nicht die Höhen ohne die Tiefen haben). Andere drücken es so aus: Du kannst nicht nur auf einer Seite des Pendels schwingen.

Menschen wünschen sich im Allgemeinen, bei allem, was sie tun, erfolgreich zu sein. Das ist verständlich. Niemand liebt Misserfolge. Aber man darf aus dem Wunsch keine absolute Forderung machen: Ich muss immer erfolgreich sein. Wir haben weiter vorne gesehen, dass derartige Muss-Forderungen der direkte Weg zum Dauerstress sind.

Wer lernt, macht Fehler. Die ängstliche Vermeidung von Fehlern macht Lernen unmöglich. Es ist überaus bedauerlich, dass unser Schulsystem so fehlerunfreundlich ist. Misserfolge in den Vordergrund zu stellen ist der größte Fehler, den man machen kann. Was zählt, sind die Erfolge. Sie verdienen Beachtung.

Schaut man sich die Karrieren von Sportlerinnen und Sportlern genauer an, erstaunt es, wie viele Misserfolge diese zu verzeichnen hatten. Nur erinnert das kaum noch jemand, weil im Mittelpunkt der Aufmerksamkeit die grandiosen Erfolge standen. Die Eigentore, die Abstürze, die vielen Fehlschläge: Das alles verblasst hinter dem Gelingen.

Nicht jede Anstrengung wird belohnt. Das kann frustrierend sein. Wenn man sich davon beeindrucken lässt, macht man sich das Leben unnötig schwer. So wie man sich von seinen Emotionen nicht beherrschen lassen darf, darf man auch die Misserfolge und Fehler nicht überbetonen. Sie gehören dazu. Es gibt sie gratis. Keine noch so raffinierte Strategie kann sie verhindern.

Allerdings kann man etwas tun, um trotz der Fehler weiterzukommen. Es beginnt damit, dass man Fehlschläge von vornherein ohne Wenn und Aber akzeptiert. Sich grundsätzlich gegen sie zu wehren verursacht nichts als Stress. Entwickeln Sie lieber eine fehlerfreundliche Einstellung. Darunter verstehe ich, Misserfolge nicht zu dramatisieren, sondern als gegeben hinzunehmen. Keine Macht der Welt kann sie abschaffen. Auch Sie können das nicht.

Indem man Fehler gelassen akzeptiert, schafft man die beste Grundlage, um aus ihnen zu lernen. Wer ängstlich darum besorgt ist, Fehlschläge zu vermeiden, und es als Tragödie ansieht, wenn sie trotzdem passieren, ist zu verkrampft, um die richtigen Schlüsse aus den Misserfolgen zu ziehen.

Die Gelassenheit des Open Focus erleichtert die Korrektur von Fehlern. Wenn das Verkehrte nicht im Mittelpunkt der Aufmerksamkeit steht, sondern ein Bewusstsein dafür erhalten bleibt, dass auch das Richtige existiert, ist schon viel gewonnen. Misserfolge stellen nur einen Teil aller vergangenen, gegenwärtigen und zukünftigen Ergebnisse dar. Daneben stehen die Stärken, die Erfolge und die möglichen positiven Entwicklungen.

Genau betrachtet, sind Fehler kein Problem. Sie liefern Informationen und sind damit Bestandteil eines Feedbacksystems, das uns sagt, ob ein Verhalten erfolgreich war oder nicht. Entsprechend den einlaufenden Informationen korrigiert man sein Verhalten, wenn nötig, oder hält einfach weiter den Kurs. Das ist alles. Kein Drama, kein Stress.

Problematisch können nur die Reaktionen auf Misserfolge sein. Wenn man einen der oben genannten Denkfehler macht, kommen einem Mängel leicht wie Katastrophen vor. Zu den typischen schädlichen Reaktionen gehören Übertreibungen, Verallgemeinerungen, das Vorhersagen einer ungünstigen weiteren Entwicklung sowie das Herunterspielen aller bisherigen Erfolge. Aber auch solche Denkfehler sollte man nicht dramatisieren. Man kann lernen, sie zu korrigieren. Dann sehen Fehler nur noch halb so schlimm aus und die Zukunft kann trotzdem positiv sein.

Loslassen ist leichter gesagt als getan

Ich staune immer wieder darüber, mit welcher Vehemenz sich verschiedene Therapieschulen gegeneinander abgrenzen. Obwohl sie doch auf ein gemeinsames Ziel hinarbeiten, legen sie größten Wert darauf, ihren Weg als den allein selig machenden hinzustellen.

Mir scheint das völlig unnötig. Ziehen wir einen Vergleich mit den Fitnesssportarten. Das gemeinsame Ziel besteht darin, eine bessere Ausdauer zu erreichen. Dabei ist es vollkommen egal, ob man zu diesem Zweck läuft, schwimmt oder Rad fährt. Es macht keinen Sinn, das eine über das andere zu stellen. Manche bevorzugen es, zu schwimmen. Andere joggen lieber. Die Nächsten halten sich mit Tanzen fit. Was jemand wählt, ist reine Geschmackssache.

Aber natürlich trifft man in jedem Bereich auf konkurrierende Schulen. Einige Fitnesstrainer wollen einem weismachen, dass nur ihre Methode wirksam ist. Das hat meist allein mit dem Geschäft zu tun. Es geht um Geld, Macht, Einfluss und Status. Alle kämpfen um Kunden.

Denken Sie an die verschiedenen Religionen. Eigentlich ist das Wesentliche bei allen die Liebe zur Schöpfung und die Quelle allen Seins. Aber gleich dahinter beginnt die Konkurrenz. Gibt es einen oder mehrere Götter? Ist Gott ein Mann, eine Frau, weder das eine noch das andere oder beides und noch viel mehr? Welche Riten müssen beachtet werden? Müssen Nichtgläubige bekehrt werden? Letztlich existieren mehr Fragen als Antworten und viele Menschen sind daher ziemlich verwirrt.

Aus dieser Verwirrung kann man sich befreien, indem man Mittel und Ziele auseinanderhält. Fitness ist das Ziel. Rad fahren, Schwimmen und Laufen sind verschiedene Mittel, um es zu erreichen. Liebe und die Quelle des Lebens sind das Ziel. Die verschiedenen Religionen sind das Mittel zu diesem Zweck. Die Riten sind zweitrangig gegenüber der Erhabenheit des Ziels.

In diesem Buch ist Entspannung das Ziel. Bisher habe ich Ihnen gezeigt, wie Sie dem näher kommen können, indem Sie eine weite gegenüber einer engen Aufmerksamkeit bevorzugen, entsprechend meditieren und Ihre Stress erzeugenden Gedanken durch gelassenere Sichtweisen ersetzen.

Jetzt möchte ich Ihnen noch eine andere Art präsentieren, wie Sie mit Ihren negativen Gedanken und Gefühlen umgehen können.

Man kann sich seine Denkfehler – das sind die Übertreibungen und die unbedingten Forderungen – bewusst machen und korrigieren. Man kann sie aber auch einfach links liegen lassen!

Zweifellos hat es Vorteile, sich klar darüber zu werden, was man denkt. Dadurch erkennt man, wie oft man sich vollkommen Unsinniges einredet. Man merkt sofort, wenn man anfängt, Katastrophenphantasien zu entwickeln, anstatt sich an die Tatsachen zu halten. Es fällt einem auf, dass man Positives abwertet und Negatives in den Mittelpunkt stellt. Indem man sich falsche Denkweisen bewusst macht, wird es möglich, bessere Alternativen zu finden.

Der Nachteil dieser Methode liegt allerdings darin, dass man dabei zu viel denkt und zu wenig handelt. Das Innen-

leben, das manche Menschen ohnehin schon zu sehr beachten, erhält dann noch mehr Gewicht.

Deshalb hat sich aus der Kognitiven Therapie heraus ein
weiterer Zweig entwickelt, der die Wichtigkeit des Handelns
betont. Diese Schule lehrt, die Gedanken – egal ob verdreht
oder realistisch – loszulassen und lieber etwas Sinnvolles
zu tun. Die Philosophie dieser Richtung kommt gleich in
ihrem Namen zum Ausdruck: Acceptance and Commitment Therapy, abgekürzt ACT. Das ist die Aufforderung zu
handeln. (Wer hier Akzeptanz-und-Commitment-Therapie
sagt, drückt sich vor der Übersetzung. »Acceptance« bedeutet in diesem Zusammenhang Hinnahme, Tolerierung [aller
belastenden Gedanken und Gefühle] und »Commitment«
Verpflichtung, voller Einsatz [für ein interessantes Leben].
Wenn man das ins Deutsche übertragen will, könnte man es
mit »Hinnahme-und-Hingabe-Therapie« versuchen.)

Programmatisch ist der Titel eines Buchs zu ACT: ›Get
out of your mind and into your life‹ (frei übersetzt: Komm
raus aus deinem Kopf und fang an zu leben). Falls Sie sich
näher mit dieser Methode beschäftigen wollen, finden Sie
im Literaturverzeichnis im Anhang dieses Buches weitere
Angaben.

Aber lassen Sie sich nicht täuschen. Die Acceptance and
Commitment Therapy ersetzt nicht die anderen Methoden,
auch wenn ihre Vertreter ein bisschen so tun. Sie ergänzt
vielmehr die bestehenden Angebote. Im Grunde genommen
erkennt man bei ACT die Begegnung westlicher Psychologie mit buddhistischer Philosophie. Im Buddhismus beobachtet man seine Gedanken, ohne sie allzu wichtig zu

4. DAS WAHRE LEBEN

nehmen. Man nimmt sie einfach zur Kenntnis und wendet sich dann der nächsten Aufgabe zu.

Ich erinnere mich, dass ich schon früh, bevor ich begann, Bücher über Psychologie, Philosophie und Religion zu lesen, dachte, dass man viele Probleme nicht lösen kann, sondern sich nur *von ihnen* lösen kann. Diese Grundidee finde ich heute u. a. in der Acceptance and Commitment Therapy bestätigt.

Es geht darum zu akzeptieren, dass Probleme ein unvermeidlicher und ständiger Bestandteil des Lebens sind. Man hat die Wahl, ob man sich auf sie konzentrieren will – was manchmal nötig ist, um die lösbaren Probleme zu lösen – oder sie besser links liegen lässt, was sich besonders für die unlösbaren Probleme empfiehlt, aber zeitweise auch für alle anderen; denn das Leben besteht nicht nur aus Problemen.

Die Acceptance and Commitment Therapy lässt sich wunderbar mit der Entspannungsmethode des Open Focus verbinden. Man zieht die Aufmerksamkeit von den Problemen ab und wendet sie anderen Themen zu. Das Gute daran ist, dass man dabei die Probleme weder ignoriert noch überbetont. Sie haben ihren Platz im Leben (im weiten Raum des Bewusstseins), aber sie füllen diesen Raum nicht komplett aus. Man nimmt wahr bzw. erinnert sich daran, dass neben den bitteren, unangenehmen Erfahrungen die schönen, erfreulichen, konstruktiven Erlebnisse jederzeit möglich sind.

Loslassen heißt zulassen, erlauben, entspannen. Die Einsicht zulassen, dass es immer irgendwelche Probleme gibt, man sie nie ein für alle Mal los wird. Seinen Frieden damit schließen, dass das Leben nicht nur schön ist. Und sich trotz alledem entspannen und offen bleiben für die möglichen Freuden.

Dem Leben einen Sinn geben

Hat das Leben überhaupt einen Sinn? Menschen beantworten diese Frage unterschiedlich. Während einige meinen: ja, finden andere: nein. Die Meinung darüber kann im Laufe des Lebens wechseln. Man kann den Lebenssinn verlieren und wiederfinden. Was kann man daraus schließen? Das Leben ist, wie es ist. Wie man es betrachten will – als sinnvoll oder sinnlos –, ist Ansichtssache.

Stellen Sie sich vor, vor Ihnen läge ein Haufen Holzbausteine. Haben diese Bauklötze einen Sinn oder nicht? Es kommt darauf an, was Sie daraus machen. Sie können damit Türme oder Brücken bauen. Wenn man sich auf dieses Spiel einlässt, macht es Spaß. Man kann aber auch lustlos mit den Händen in den Bausteinen herumfahren, sie gegen die Wand werfen und schreien: »Das ist doch alles sinnlos!«

So ähnlich verhalten wir uns in Bezug auf unser Leben. Wir können uns konstruktiv verhalten und etwas aufbauen, was wir persönlich sinnvoll finden. Andere mögen darüber denken, was sie wollen. Oder wir können die Arme verschränken und sagen, dass uns das alles nicht interessiert. Oder noch schlimmer: destruktiv auf die Dinge reagieren. Die meisten Menschen ergreifen im Laufe des Lebens all diese Möglichkeiten, indem sie sich mal konstruktiv, mal desinteressiert und mal destruktiv verhalten.

Je konstruktiver man auf das eingeht, was das Leben einem bietet, je mehr man sich auf das »Spiel« einlässt, desto mehr Freude hat man daran. Dafür muss man seine ganze Kreativität einsetzen. So wie ein Haufen Holzbausteine zunächst keinen Sinn macht, kann man kraft seiner Kreativität alles Mögliche daraus bauen. Ohne diese schöpferische Energie passiert gar nichts.

Aus dem Leben etwas zu machen, es zu gestalten, in den verschiedenen Formen etwas Sinnvolles zu erkennen: Das ist die Aufgabe, die sich jedem von uns das ganze Leben hindurch stellt. Man kann es sich nicht leisten, stillzustehen. Da die Dinge sich unaufhörlich ändern, gilt es, jeden Tag aufs Neue sich etwas einfallen zu lassen, um etwas Gutes zum Entstehen zu bringen. Von allein passiert gar nichts.

Welche »Dinge« ändern sich? Nun, im Prinzip alles. Das gesamte Universum ist in Bewegung. Die Jahreszeiten wechseln. Wir selbst bleiben nicht dieselben. Als Kind, Jugendlicher, Erwachsener, Alter nimmt man die Welt immer wieder anders wahr. Es stellen sich neue Aufgaben und Herausforderungen. Manchmal stürzt das, was man aufgebaut hat, zusammen. Dann muss man, wie als Kind mit den Bauklötzen, wieder von vorne beginnen.

Während man sein Leben gestaltet – und das heißt vor allem: sich Ziele setzt und daran arbeitet, sie zu erreichen –, begleiten einen die ganze Zeit Gedanken und Emotionen. Sie gehören dazu. Man sollte sie beachten, aber nicht in den Mittelpunkt seines Lebens stellen. Gedanken kommen und gehen. Gefühle entstehen und vergehen. Es lohnt sich nicht, sie allzu ernst zu nehmen. Entscheidend ist vielmehr der Gestaltungsprozess, mit dem man seinem Leben eine Richtung gibt.

Im Grunde genommen ist der Begriff »Sinn« nur eine sehr anspruchsvolle Bezeichnung für das Wort »Ziel«. Dem Leben einen Sinn geben, heißt konkret: sich Ziele zu setzen, die einem etwas bedeuten. Grundsätzlich ist dabei kein Ziel besser als das andere. Es ist Geschmackssache, was einem wichtig ist. Die Wahl der Ziele sollte sich am besten an den eigenen Interessen, Werten und Vorlieben orientieren.

Menschen brauchen Ziele. Sonst macht sich sofort Langeweile breit. Negative Stimmungen treten leichter in den Vordergrund. Deshalb betont die Acceptance and Commitment Therapy die Notwendigkeit, seinem Leben einen Sinn zu geben. Ohne Sinn bei der Arbeit, in Beziehungen und in der Freizeit ist das Leben schwer.

Die folgende Geschichte verdeutlicht das auf dramatische Weise: Ein Kaufmann zieht mit seinen Kamelen durch die Wüste. Plötzlich findet er eine Flasche, die halb aus dem Sand ragt. Als er sie öffnet, erscheint ein Geist. »Was kann ich für dich tun?«, fragt der Flaschengeist. Der Kaufmann ist überrascht und erfreut. Als Erstes wünscht er sich einen riesigen Palast. Im Handumdrehen hat der Geist seine Aufgabe erfüllt. »Was möchtest du noch?«, will der Geist wissen. So wünscht sich der Kaufmann noch viele weitere Annehmlichkeiten, bis ihm nichts mehr einfällt. Er genießt sein frohes Leben, bis er eines Tages den Geist wiedertrifft.

Dieser sitzt an einem Feuer und röstet auf einem Spieß einige Kinder. Entsetzt überlegt der Kaufmann, wie er den Flaschengeist anders beschäftigen kann. Er braucht aber nichts mehr. Nach einigem Nachdenken hat er die rettende Idee: Er reißt sich eines seiner krausen Haare aus und bittet den Geist, es glatt zu kämmen. Immer wenn der Flaschengeist am Ende des Haares angekommen ist, kräuselt sich das Haar wieder und er muss von Neuem beginnen. So ist er von nun an beschäftigt und kommt nicht mehr auf destruktive Gedanken.

In der Geschichte stecken mehrere Bedeutungen. Ich möchte diese herausgreifen: Kurzfristige Ziele erschöpfen sich. Schon bald machen sich Überdruss, Langeweile und mitunter sogar destruktives Verhalten bemerkbar. Um dies zu vermeiden, ist es günstig, sich langfristige, im Prinzip nie endende Ziele zu suchen.

Eine Alternative besteht darin, eine Liste kurzfristiger Ziele anzulegen und dafür zu sorgen, dass sie stets gefüllt bleibt. Damit wird das Leben auf eine breitere Basis gestellt und es ist nie langweilig.

Und los geht's

Es reicht nicht, Ziele zu haben. Man muss etwas dafür tun. Das Handeln ist das Entscheidende. Zwar ist es wichtig, sich seine Ziele gut zu überlegen, damit man wirklich motiviert ist, alle Mühen auf sich zu nehmen, um sie zu erreichen. Letztlich sind Ziele aber nur der Anlass, um sich auf den Weg zu machen. Was dann tatsächlich zählt, sind die Schritte.

Im Gegensatz zu dem, was viele glauben, geht es im Allgemeinen nicht in erster Linie darum, so schnell wie möglich ans Ziel zu kommen; denn wenn man angekommen ist, muss man sich neue Ziele setzen, um sich wieder auf den Weg machen zu können.

Manche verstehen nicht, warum viele erfolgreiche Schauspieler, Musiker, Künstler und (andere) freiberuflich tätige Menschen nicht einfach aufhören und sich ausruhen. Aber überlegen Sie einmal: Kann man sich wirklich die ganze Zeit ausruhen? Ruhepausen machen nur dann richtig Spaß, wenn sie mit Phasen interessanter Tätigkeiten abwechseln.

Das möglichst schnelle Erreichen von Zielen führt nur zu unnötiger Hektik: Man hetzt, um das Ende zu erreichen, ruht kurz aus, setzt sich ein neues Ziel, um sofort wieder ganz schnell anzukommen. Solch eine Lebensweise, die leider weit verbreitet ist, verrät, dass die Bedeutung von Zielen nicht richtig verstanden worden ist. Der Weg ist zwar nicht das Ziel (das Ziel ist das Ziel ist das Ziel!), aber man lebt, während man unterwegs ist. Die Mittel sind nicht egal. Sie machen die Qualität des Lebens aus.

Überprüfen Sie einmal Ihre Art zu handeln. Neigen Sie dazu, alles möglichst schnell erledigen zu wollen? Haben Sie sehr viele Ziele, die Sie alle unter einen Hut bringen müssen? Oder lassen Sie sich Zeit? Konzentrieren Sie sich auf die wichtigen Ziele? Kennen Sie die Ziele, die Ihnen am meisten bedeuten?

Wie ich bereits sagte, ist es vorteilhaft, mehrere Ziele zu haben. Aber man braucht nicht unbedingt sehr viele. Wozu sollte man sich mehr Aufgaben stellen, als man entspannt bewältigen kann? Ein Ziel ist notwendig, mehrere sind wunderbar, aber 100 000 Ziele sind ein Horror.

Mein Rat lautet daher: Konzentrieren Sie sich auf einige wesentliche, langfristige Ziele – und dann genießen Sie die Reise!

5. DIE KUNST, ÜBER DEN DINGEN ZU STEHEN

Selbstverständlich und verblüffend zugleich

Die Kunst, über den Dingen zu stehen, hat in neuerer Zeit der italienische Psychologe Roberto Assagioli (1888–1974) in besonders hervorragender Weise gelehrt. Der Weg dahin beginnt mit der einfachen Frage: Wer bin ich?

Bei genauer Betrachtung erkennt man Folgendes:

Ich habe einen Körper, aber ich bin nicht mein Körper. Wie könnte ich meinen Leib wahrnehmen, wenn ich nicht mehr wäre als mein Körper? Wenn ich nur mein Körper wäre, wüsste ich gar nicht, dass ich einen habe. Das, was ich »Ich« nenne, kann die Bewegungen meines Körpers lenken. Diese Instanz registriert, wenn mein Körper müde ist, sich wohlfühlt oder schmerzt. »Ich« kann darauf reagieren und den Körper versorgen.

Ich habe Gefühle, aber ich bin nicht meine Gefühle. Wiederum gibt es etwas, das die Gefühle bemerkt, was also über sie hinausgeht, was mehr ist als reine Emotion. Nach Assagioli ist die Aussage »Ich bin verärgert« oder »Ich bin zufrieden« ein Fall von falscher Identifikation. Richtig wäre es zu sagen: »In mir ist ein Zustand der Verärgerung« oder »Ich nehme ein Gefühl von Zufriedenheit wahr«. Klingt vielleicht erst einmal etwas komisch, aber denken Sie mal drüber nach. Wenn man sich mit einem Gefühl gleichsetzt, fehlt die Distanz dazu. Es ist kein Raum vorhanden, um dieses Gefühl bewusst wahrzunehmen.

Ich habe Gedanken, aber ich bin nicht meine Gedanken. Wie könnte ich über meine Gedanken nachdenken, wenn ich eins wäre mit ihnen. Ich kann überlegen, ob ein Gedanke den Tatsachen entspricht. Wenn ich sage: »Es ist fünf Uhr«, kann ich auf meine Armbanduhr schauen und prüfen, ob dies zutrifft. Ist dies nicht der Fall, kann ich meine Aussage korrigieren: »Nein, ich habe mich geirrt. Es ist erst vier.« Solange ich mich vollständig mit meinen Gedanken identifiziere, habe ich keine Möglichkeit, meine Meinungen zu überprüfen.

Ich habe Wünsche, aber ich bin nicht meine Wünsche. Meine Wünsche ändern sich von Tag zu Tag. Ich bin ihnen nicht ausgeliefert, sondern kann jeden Impuls durch einen anderen ersetzen.

Ich habe ein Verhalten, aber ich bin nicht mein Verhalten. Ich kann mein Handeln jederzeit ändern. Mag sein, dass ich eine Zeit lang geraucht habe. Aber jetzt tue ich das nicht mehr. Es gibt unendlich viele Verhaltensmöglichkeiten, unter denen ich wählen kann.

So ließe sich diese Untersuchung noch lange fortsetzen. Stets würde man feststellen, dass man mehr ist als ein einzelner Aspekt seiner Existenz.

Wer aber bin »Ich« dann? Was bleibt, wenn man sich von seinem Körper, seinen Gefühlen, Gedanken, Wünschen und Handlungen löst? Assagioli antwortet darauf so: »Ich bin ich, ein Zentrum reinen Bewusstseins und des Willens.« Hier findet also eine Identifikation mit dem inneren Beobachter statt. Dieser ist klar unterschieden von den wahrgenommenen Objekten, mit denen man sich sonst so oft gleichsetzt. Interessant ist auch, dass die Distanzierung von den Gefühlen, Gedanken und so weiter nicht zu einem Verlust jeglicher Identität führt. Vielmehr wird eine fragwürdige Selbstbeschreibung durch eine zutreffendere ersetzt.

Das eigentliche Ich ist aber nicht nur Beobachter, sondern auch Regisseur. Das »Zentrum des Willens«, wie Assagioli sagt, ist fähig, den Körper, die Gedanken, Handlungen und Gefühle zu lenken. Voraussetzung dafür ist Bewusstheit. Diese und der innere Wille bilden zusammen eine tragfähige Basis. Anders als die ständig wechselnden Körperbewegungen, Gedanken, Emotionen, Wünsche und Verhaltensweisen sind das Bewusstsein und der Wille jederzeit vorhanden. Sie ermöglichen innere und weitgehende äußere Freiheit. Ohne sie ist man gekettet an das falsche Ich. Die Gedanken bleiben dann unbewusst. Die Gefühle scheinen unkontrollierbar. Die Wünsche und spontanen Impulse schwingen sich zu Herren auf, denen man vermeintlich zwangsläufig folgen muss. Das Verhalten besteht bald nur noch aus automatisch ablaufenden Gewohnheiten.

Durch Bewusstheit und den Gebrauch des Willens wird man zum Regisseur seines Lebens. Man steht über den Dingen, kann seine Rollen frei wählen bzw. flexibel gestalten. Das alles fällt einem jedoch nicht einfach zu. Bewusstheit ist ein Zustand, den man sich mehr und mehr erarbeiten muss. Sonst lebt man ähnlich wie ein Roboter, der ohne wesentliche Steuerungsmöglichkeit einfach den einmal vorgegebenen Programmen folgt. Einen eigenen Willen zu entwickeln und klug zu gebrauchen, ist ebenfalls eine Lebensaufgabe. Kinder sind dazu noch nicht in der Lage. Erst mit der Zeit merken sie, wie sie ihr Verhalten und ihre Bewegungen zu ihrem Vorteil lenken können. Die Beherrschung der Gedanken und Gefühle aber ist selbst für viele Erwachsene ein Buch mit sieben Siegeln. Sie machen sich oft nicht klar, dass sie ihrem Denken und Fühlen nicht willenlos ausgeliefert sind, sondern die Beobachter- und Direktorenposition einnehmen können.

Roberto Assagioli hat es so ausgedrückt: »Wir werden beherrscht von allem, womit sich unser Selbst identifiziert. Wir können alles beherrschen und kontrollieren, von dem wir uns disidentifizieren.« Indem man die Haltung des inneren Beobachters einnimmt, entsteht Bewusstheit. Durch Bewusstheit wird eine gewisse innere Distanz geschaffen. Man steht auf diese Weise über den Dingen. Aus dieser Perspektive heraus kann man seinen Körper, seine Gedanken, Gefühle, Wünsche und Handlungen in die gewollte Richtung lenken.

Einerseits ist dies vollkommen selbstverständlich. Fast jeder kennt solche Momente innerer Freiheit. Andererseits ist es überraschend neu, weil man so oft vergisst, dass einem diese Wahlmöglichkeiten jederzeit zur Verfügung stehen.

Die große Befreiung

Viele Menschen behaupten, sich nicht entspannen zu können. Sie sind sich nicht bewusst, wie sie ihre Verspannungen und Probleme selbst herbeiführen oder verschärfen. Sie wissen nicht, wie sie ihren Willen zu ihren Gunsten einsetzen könnten.

Das gilt genauso für andere Bereiche, bei denen etliche Leute nicht verstehen, was sie zu ihren Schwierigkeiten beitragen und wie sie sich daraus wieder befreien könnten. Denken Sie an das Rauchen, Trinken, fehlerhafte Ernährung, mangelndes Bewegungstraining und vieles mehr.

Der Schlüssel zur Änderung liegt jeweils in der Entwicklung von Bewusstheit und dem richtigen Gebrauch des Willens. Ich will damit nicht sagen, dass es leicht sei oder schnell ginge, sich zu ändern. Viele Faktoren sind dabei zu berücksichtigen und der Teufel steckt, wie man so schön sagt, im Detail. Aber jede Änderung beginnt mit Bewusstheit und sei es nur, indem man bemerkt, dass etwas schmerzt, dass man unter etwas leidet. Leiden hat durchaus eine nützliche Funktion, nämlich die, Aufmerksamkeit zu wecken und den Änderungswillen in Gang zu setzen. Dies kann dann der Ausgangspunkt für weitere Fortschritte sein.

Zu erkennen, dass man vielen Dingen nicht hilflos ausgeliefert ist, sondern sich über sie stellen und sie beherrschen kann, ist eine gewaltige Entdeckung. Diese Einsicht aufrechtzuerhalten und sich immer wieder zu vergegenwärtigen, gerade auch in schwierigen Situationen, ist eine große Herausforderung.

Sie ist nur zu bewältigen,

— wenn man immer wieder aufs Neue die praktische Erfahrung macht, dass man an unsinnigen Gedanken nicht festhalten muss, sondern sie entweder ignorieren oder ändern kann,

— wenn man erlebt, dass negative Gefühle sich nicht auf das Verhalten auswirken müssen, sondern man sie entweder nicht mehr beachten oder durch positive Emotionen ersetzen kann, und

— indem man feststellt, dass man destruktives Verhalten nicht bis in alle Ewigkeiten fortsetzen muss, sondern sich bewusst und energisch für ein konstruktives Tun entscheiden kann.

Wie eine Lotosblüte

In der buddhistischen Literatur ist die Lotosblüte ein Symbol für Befreiung; denn obwohl der Lotos mit seinen Wurzeln im Schlamm steht, ist er in der Lage, zu gedeihen und wunderschöne Blüten hervorzubringen, die sich über die Wasseroberfläche erheben. Außerdem sind die Blätter des Lotos flüssigkeitsabweisend, sodass das Wasser an ihnen abperlt. Diese Eigenschaften – im Schlamm wurzelnd, Blüten zu produzieren und alles an sich abperlen zu lassen – wirken als Vorbild für die schwierigen Situationen, in denen auch wir uns oft befinden.

Manchmal kommt einem das Leben trübe vor. Man fühlt sich wie in einem Sumpf, der einen immer weiter nach unten zieht. Trotzdem kann es gelingen, sich aus diesem Morast zu befreien und sogar unter schwierigen Bedingungen zu gedeihen, mehr noch: zu blühen. Wenn man es schafft, die Widrigkeiten des Lebens an sich abperlen zu lassen, ist es möglich, entspannt zu bleiben. Man ist dann zu einem großen Teil innerlich unabhängig vom Auf und Ab der Umwelt. So kann man von sich sagen, über den Dingen zu stehen.

Alle in diesem Buch geschilderten Methoden können Ihnen helfen, es einem Lotos gleichzutun:

– Mit entspannter Aufmerksamkeit werden neben den Problemen die erfreulichen Aspekte Ihres Lebens sichtbar.

– Mithilfe von Meditation beruhigen Sie Ihre Sinne. Die ungezwungene Konzentration auf ein einzelnes Objekt sammelt die verstreuten Kräfte des Geistes und auch der Körper kann sich dabei erholen.

– Indem Sie unsinnige, Stress erzeugende Gedanken entdramatisieren, entspannen Sie Ihr Denken. Damit schließen Sie eine der ergiebigsten Quellen unnötigen Leidens.

– Alternativ dazu können Sie lernen, Ihre negativen Gedanken und Gefühle nicht so wichtig zu nehmen und stattdessen die Aufmerksamkeit auf ein produktives, erfülltes Leben zu richten.

– Assagiolis Disidentifikationsübung, bei der Sie die Haltung des inneren Beobachters einnehmen und gleichzeitig die Regie über Ihr Innenleben und Ihre Taten übernehmen, versetzt Sie in die Lage, Ihre Gegenwart und Zukunft positiv zu gestalten und den Stress zunehmend loszulassen.

Testen Sie, ob Sie über den Dingen stehen

Auch wenn Sie sich nicht für Fußball interessieren, haben Sie vielleicht mitbekommen, dass das Endspiel der Weltmeisterschaft 2006 zwischen Frankreich und Italien mit einer dramatischen Szene endete. Der vielleicht beste Fußballer seiner Zeit, der Franzose Zinedine Zidane, drehte sich um und versetzte seinem italienischen Gegenspieler mit dem Kopf einen heftigen Stoß auf die Brust. Dieser fiel daraufhin zu Boden. Obwohl sich der Zwischenfall am Rande des Spielgeschehens abspielte, wurde der Schiedsrichter darauf aufmerksam gemacht. Er zeigte Zidane die rote Karte. Es war Zidane letztes bedeutendes Spiel. Seine Karriere endete mit einer Demonstration seiner Unbeherrschtheit, die ihm bereits als jungem Spieler erheblich zu schaffen gemacht hatte.

Warum er seinen Gegenspieler zu Boden stieß, ist nicht ganz geklärt. Dieser hatte irgendeine Beleidigung ausgesprochen, eine Unsitte, die bei Fußballspielen häufig vorkommt. Sie dient dazu, Spieler gezielt zu provozieren, damit sie wie Zidane die Nerven verlieren und vom Platz gestellt werden. Damit wird die gegnerische Mannschaft, die das Spiel in Unterzahl fortsetzen muss, geschwächt. Es wird vermutet, dass der italienische Spieler Zidanes Mutter als Hure bezeichnet hat.

Was für ein Fiasko! Da zeigt sich ein Champion des Fußballs als ein Anfänger in Selbstbeherrschung. Die Ehre der Mutter hängt doch nicht davon ab, was eine x-beliebige Person über sie sagt. Wenn Zidane dem keine Bedeutung zugemessen hätte, sondern sich weiter auf das Spiel konzentriert hätte, wäre die Sache nie bekannt geworden. Jetzt aber wissen es viele. Zidane hat das Gegenteil von dem erreicht, was er wollte. Und er hat sich einen unwürdigen Abgang verschafft.

Wie hätten Sie reagiert? Würde es Sie aus dem emotionalen Gleichgewicht bringen und zu unbedachten Handlungen verleiten, wenn jemand Ihre Mutter beleidigt? Oder Sie persönlich?

Wo liegen Ihre Schwachpunkte? Was könnte Sie aus der Bahn werfen? Wann verlieren Sie die Nerven? Wappnen Sie sich gegen solche Umstände. Es sind nicht die Situationen an sich, die Ihnen zu schaffen machen, sondern Ihre Einschätzungen. Ändern Sie Ihre Gedanken und Sie ändern Ihre Gefühle und Reaktionen.

Glauben Sie, dass eine Beleidigung jemanden aufregen kann? Dann sind Sie immer noch ein AC-Denker. A steht für den Auslöser und C für die Reaktion. Die Beleidigung (A) führt nur scheinbar zur Reaktion (C), im Falle Zidanes zu einer enormen Wut und dem Kopfstoß gegen seinen Gegenspieler.

Tatsächlich führt die Situation (A) aber nicht unmittelbar zu einer Reaktion (C). Sonst würden sich alle gleich verhalten müssen. Vielmehr löst die Situation zunächst bestimmte Gedanken und Vorstellungen (B) aus. Diese entscheiden darüber, was gefühlt und wie gehandelt wird.

Zidane hat sich vermutlich von Überlegungen wie diesen leiten lassen: »Niemand darf so über meine Mutter sprechen. Wer es trotzdem tut, muss bestraft werden. Was für ein gemeiner, niederträchtiger Mensch. Ich werde ihm einen Kopfstoß verpassen.« Er hätte sich aber auch sagen können: »Was mein Gegenspieler äußert, ist mir vollkommen egal. Es geht überhaupt nicht um meine Mutter. Er will mich nur provozieren, damit ich gegen die Regeln verstoße und vom Platz gestellt werde. Ich konzentriere mich wieder auf das Spiel. Wo ist der Ball?«

Vielleicht erheben Sie an dieser Stelle den Einwand, dass es Situationen gibt, in denen man impulsiv handelt. Sieht es nicht so aus, als habe Zidane auf ein »Das darf so nicht sein« spontan, ohne weitere Überlegung reagiert? Dieser Einwand ist gut nachvollziehbar. Schließlich ging alles so schnell, dass für viele Gedanken gar keine Zeit war.

Aber bedenken Sie bitte, dass bereits der Impuls »Das darf so nicht sein«, genau betrachtet, ein Gedanke ist. Hinzu kommt, dass es unzählige automatisierte Reaktionsmuster gibt, die blitzschnell abgerufen werden können, wenn es wichtig ist. Besonders beim Autofahren wird dies deutlich. Am Anfang muss jeder alle für das Steuern des Fahrzeugs erforderlichen Schritte bei geringer Geschwindigkeit und leicht überschaubaren Verkehrssituationen einüben. Der Fahrlehrer erklärt, was getan werden muss, und der Fahrschüler wiederholt es für sich in Gedanken: »Erst muss ich dies tun und danach jenes.« Mit der Zeit kann man auf die umständlichen inneren Selbstinstruktionen verzichten. Die Abläufe sind immer schneller durchführbar, und das auch bei höheren Geschwindigkeiten und komplexeren Verkehrslagen. Man fährt automatisch, ohne groß nachzudenken.

Ebenso werden Gefühlsmuster erlernt. Man beobachtet andere und entschließt sich, so wie sie zu denken, zu fühlen und zu handeln – oder auch nicht; denn im Prinzip ist man frei, anderen zu folgen oder es zu lassen. Allerdings vollzieht man diese Lernschritte selten bewusst, schon gar nicht, wenn man Kind ist.

Wenn man untersuchen würde, wie Zidane groß geworden ist, würde man vermutlich feststellen, dass er von seiner Umgebung die Verhaltensregel übernommen hat: »Wenn jemand deine Mutter beleidigt, musst du denjenigen sofort bestrafen.« Dieses Muster hat er später nie angepasst, sodass er von seinem italienischen Gegenspieler leicht zu provozieren war. Hätte Zidane rechtzeitig ein anderes Muster eingeübt – z. B. »In einem Fußballspiel sind mir Beleidigungen völlig egal« –, wäre er in der Lage gewesen, das Spiel unbeirrt fortzusetzen.

Kommen wir jetzt zu den viel wichtigeren Fragen: Was sagen Sie sich in Situationen, in denen Sie dazu neigen, die Nerven zu verlieren? Welche Muster haben Sie gelernt? Was könnten Sie stattdessen denken, sodass Sie ruhig und gelassen bleiben? Machen Sie sich das ABC Ihrer Gefühle und Ihres Handelns klar. Wählen Sie Vorstellungen, die Ihnen helfen, sich besonnen zu verhalten. Trainieren Sie diese so lange mental, bis Sie sie in realen Situationen automatisch abrufen können.

Hier sind einige Übungssituationen, in denen Sie testen können, wie weit Sie es schon geschafft haben, über den Dingen zu stehen:
– Sie machen im Supermarkt noch schnell ein paar Besor-

gungen. In 20 Minuten haben Sie aber einen wichtigen Termin. Als Sie an die Kasse kommen, ist dort eine lange Warteschlange. Wie reagieren Sie?

— Ihr Arbeitsvertrag wird gekündigt. Sie verfügen über keine Ersparnisse und die Lage auf dem Arbeitsmarkt ist schlecht. Welche Gedanken gehen Ihnen durch den Kopf? Wie fühlen Sie sich? Was tun Sie?

— Sie haben eine eigene Firma. Ihre drei wichtigsten Kunden beenden die Zusammenarbeit. Sie können Ihre Kredite nicht mehr abbezahlen und stehen vor der Pleite. Was denken Sie nun? Wie fühlen Sie sich? Was tun Sie als Erstes?

— Ihr Lebenspartner/Ihre Lebenspartnerin teilt Ihnen mit, dass er/sie die Trennung will und am Ende des Monats ausziehen wird. Wie reagieren Sie? Welche Gedanken, Gefühle, Zukunftspläne, konkreten Schritte wählen Sie in dieser Situation?

— Sie erfahren von Ihrer Ärztin, dass Sie zur Wiederherstellung Ihrer Gesundheit die Lebensgewohnheiten (Essen, Bewegung, Schlaf) vollkommen umstellen müssen. Wie gehen Sie damit um? Helfen Ihre Gedanken und Gefühle Ihnen, die Situation zu bewältigen?

— Aus einer Laune heraus haben Sie beim Lotto mitgespielt. Es ist kaum zu glauben, aber Sie erzielen tatsächlich den Hauptgewinn: drei Millionen Euro. Wie stellen Sie sich Ihre Zukunft vor? Wie fühlen Sie sich? Was machen Sie als Erstes?

Das letzte Beispiel nennen Psychologen eine »positive Katastrophe«. Auch ein Lottogewinn kann Menschen aus der Bahn werfen. Wenn Ihnen also etwas unglaublich Gutes passiert, wäre es vielleicht besser, ebenfalls ein wenig über den Dingen zu stehen?

Zwei Ebenen des Seins

Man kann nicht die ganze Zeit über den Dingen stehen. Aber es ist möglich, ab und zu einfach zu beobachten, was man gerade denkt, fühlt und tut und was um einen herum passiert. Das genügt bereits, um ein entspannteres, gelasseneres Leben zu führen.

Es geht um die grundlegende Funktion des Innehaltens. Man nimmt sich Zeit für eine Pause und tritt vorübergehend aus dem inneren und äußeren Geschehen heraus. Auf diese Weise nimmt man wahr, was im Moment vor sich geht:

- Was geht mir gerade durch den Kopf?
- Welche Gefühle sind gegenwärtig?
- Womit bin ich beschäftigt?
- Was ist mein Ziel?
- Was sehe ich um mich herum?
- Was höre ich?
- Wie fühlt sich mein Körper an?
- Was rieche und schmecke ich?

Das ist die Haltung des inneren Beobachters. Er bemerkt mit allen fünf äußeren Sinnen (sehen, hören, fühlen, riechen und schmecken), was in seiner unmittelbaren Umgebung geschieht. Darüber hinaus stellt er mit den inneren fünf Sinnen (vor allem dem inneren Auge und dem inneren

Ohr) fest, was er sich gerade sagt, welche Gespräche mit anderen er wiederholt, welche Phantasien er in seiner Vorstellung ablaufen lässt, welche Gefühle aus der Vergangenheit er gerade wieder wachruft.

In dieser Zeit der Besinnung kann außerdem der innere Regisseur in Aktion treten. Dies ist die Instanz im Inneren, die weiß (oder sich jedenfalls darüber klar werden kann), was sie will, und prüft, ob der eingeschlagene Weg dem Ziel entspricht. Stellt sie fest, dass dies der Fall ist, kann sie die Anweisung geben, so weiterzumachen. Merkt sie dagegen, dass die Richtung nicht mehr stimmt, kann sie die Position neu bestimmen und anschließend die Richtung ändern. Im Eifer des Geschehens passiert es immer wieder, dass man vergisst, was man eigentlich wollte, und sich in irgendwelchen unwichtigen Details verzettelt. Oder man hat sich ablenken lassen und ist inzwischen mit Dingen beschäftigt, die den eigentlichen Interessen zuwiderlaufen. Diese Dinge kann die innere Regisseurin in den Zeiten des Innehaltens korrigieren. Ohne Pausen hat sie keine Chance, aktiv zu werden. Ihre Funktion verkümmert.

Aber das Leben besteht nicht nur aus Kontemplation und Beobachtung. Genauso wichtig ist es, danach wieder in das Geschehen einzutauchen. Um in diesem Bild zu bleiben: Es ist so, als ob man im Meer taucht und von der Unterwasserwelt fasziniert ist. Dann taucht man kurz auf, um Luft zu schöpfen und sich zu orientieren. Anschließend schwimmt man unter der Wasseroberfläche weiter. Oder um das Bild des Theaters wieder aufzugreifen: Es ist ein Stück, in dem man Schauspieler ist und zugleich Regie führt. Beides kann man jedoch nicht zur selben Zeit machen. Also wechselt man ab. Man überlegt sich, wie die Aufführung aussehen soll, und danach wird man zum Schauspieler, der die Regieanweisungen ausführt. Zwischen den Auftritten nimmt man sich Zeit, um sich darüber klar zu werden, ob das Stück so läuft, wie man es sich als Regisseur gedacht hat. Eventuell muss die Inszenierung geändert werden, so lange, bis Regisseur und Schauspieler zufrieden sind.

Manchen Menschen ist das Innehalten sehr vertraut. Sie sind es gewohnt, in gewissen Abständen wahrzunehmen, was sie tun, sowohl in ihrer Außenwelt als auch in ihrer Innenwelt. Anderen dagegen ist es fremd, sich gelegentlich von ihren Gedanken, Gefühlen und Beschäftigungen zu lösen. Sie identifizieren sich so stark mit ihren Rollen, dass sie sich ganz darin verlieren.

Einigen ist es selbstverständlich, die Verantwortung für ihre Einstellungen, ihre Emotionen und ihre Äußerungen zu übernehmen. Sie wissen nicht nur, dass sie die Regisseure in ihrem Leben sind, sondern machen Gebrauch von ihrer Fähigkeit, bewusst Entscheidungen zu treffen und sich entsprechend zu verhalten. Nicht wenigen dagegen ist diese Haltung fremd. Sie glauben, wenig oder keinen Einfluss auf ihre Einstellungen, Gefühle und ihr Verhalten zu haben.

Zeitweise über den Dingen zu stehen, ist für ein entspanntes Leben unerlässlich. Sonst bekommt man das Gefühl, in einer Tretmühle zu stecken. Man braucht Abstand, um erkennen zu können, ob man so weitermachen möchte wie bisher oder ob es besser ist, den Kurs zu ändern.

6. WIE DER BUDDHA ZUM ENTSPANNTEN LEBEN FAND

Siddharthas Leben

Die Biografie des Buddha wird auf ganz unterschiedliche Weise erzählt. Traditionelle Schilderungen sind oft ausgeschmückt mit übernatürlichen Begebenheiten. Wenn man daran interessiert ist, die tatsächliche Geschichte zu hören, tut man gut daran, solche Übertreibungen wegzulassen.

Siddhartha Gautama, der historische Buddha, hat vor ca. 2500 Jahren gelebt. Sein Vater war Herrscher über ein kleines Gebiet, das heute an der Grenze zwischen Indien und Nepal liegt. Seine Mutter starb bereits kurz nach Siddharthas Geburt, sodass er von der zweiten Frau seines Vaters großgezogen wurde.

Aufgrund des Reichtums, der sein Zuhause kennzeichnete, fehlte es Siddhartha an nichts. Er genoss eine umfassende Ausbildung, die ihn zum späteren Nachfolger seines Vaters befähigen sollte. Da seine Familie der Kriegerkaste angehörte, lernte er auch den Umgang mit Waffen, das Reiten von Elefanten und anderes mehr. Die Vorbereitung auf das Amt eines Rajas schloss außerdem mit ein, dass er in die Kunst des Regierens, Verwaltens und Rechtsprechens eingeführt wurde.

Im damaligen Indien war es üblich – wie zum Teil heute auch noch –, dass die Eltern die Ehepartner ihrer Kinder aussuchten, und zwar schon sehr früh. So wurde Siddhartha bereits als junger Mann von seiner Familie verheiratet.

Offenbar lag ihm die Ausbildung, die er erfuhr, nicht. Er interessierte sich mehr für die Gurus, die von Zeit zu Zeit durch die Stadt kamen und den Leuten ihre Weisheiten kundtaten. Bei ihnen hielt er sich gerne auf und hörte ihnen aufmerksam zu.

Auch am Familien- und Eheleben zeigte er wenig Interesse. Heute würde man sagen, dass die Ehe »irgendwie nicht stimmte«. Das Paar hatte etwa zehn Jahre lang keine Kinder, was für die damalige Zeit ungewöhnlich war. Dann gebar Siddharthas Frau einen Sohn, Rahula.

Siddhartha war die meiste Zeit niedergeschlagen. Obwohl er ein beschütztes, luxuriöses Leben führen konnte, stellten ihn materielle Güter und die üblichen Freuden wie Sex, Rauschmittel und Musik (heute: Sex and Drugs and Rock 'n' Roll) nicht zufrieden. Er litt besonders unter der Erkenntnis, dass Menschen krank werden, altern und sterben. Das Leben erschien ihm sinnlos.

Deshalb beschloss er, aus seinem goldenen Käfig auszubrechen. Gegen den Willen seines Vaters und seiner Ehefrau verließ er eines Nachts seinen Heimatort. Er wollte herausfinden, wie man angesichts der vielfältigen Leiden auf der Welt glücklich werden könnte. Die Lehren der Gurus, die ihm in seiner Heimatstadt begegnet waren, schienen ihm vielversprechend.

Zunächst suchte er einen Lehrer auf, dem der Ruf vorauseilte, einer der besten Meditationsmeister seiner Zeit zu sein. Bei ihm lernte er zu meditieren. Er verstand die Techniken so gut, dass der Lehrer ihm anbot, sein Partner und späterer Nachfolger zu werden. Siddhartha hatte jedoch gemerkt, dass die Meditation ihn zwar zeitweise von seinen Depressionen befreite, aber nicht auf Dauer. Deshalb lehnte er das Angebot ab und zog weiter.

Er fand einen weiteren Lehrer, machte dort jedoch dieselbe Erfahrung. Alle Methoden halfen ihm nur vorübergehend. Damit wollte er sich nicht begnügen. So verließ er auch seinen zweiten Lehrer.

Siddhartha wollte nun auf eigene Faust einen Weg finden, der ihm dauerhaft über sein Unglücklichsein hinweghalf. Als Erstes probierte er es mit Askese. Er schloss sich einer kleinen Gruppe an, die sich dem bedürfnislosen Leben verschrieben hatte. Mit größter Entschlossenheit entsagte er allen Annehmlichkeiten. Siddhartha nahm so wenig Nahrung zu sich, dass er fast verhungerte. Schließlich musste er einsehen, dass auch auf diesem Weg kein Glück zu finden war. Er nahm wieder in vernünftiger Weise Nahrung zu sich. Enttäuscht wandten sich die anderen von ihm ab; denn sie hatten ihm zugetraut, dass er es schaffen würde, durch Askese die endgültige Befreiung vom Leiden zu erfahren.

Etwas ratlos überlegte Siddhartha, was er noch tun könnte. Er dachte darüber nach, wann er in seinem Leben jemals glücklich gewesen war. Da fiel ihm ein, dass er als Kind, im Schatten eines Baumes sitzend, vollkommen zufrieden war. Nichts hatte ihm gefehlt. Er hatte sich nicht mit un-

glücklichen Gedanken gequält. Dies schienen ihm Anhalts-
punkte für sein Ziel zu sein. Er begann, aufmerksam seine
Gedanken zu beobachten. Da sie ihn offenbar bedrückten,
änderte er sie so lange, bis sie einerseits den Tatsachen ent-
sprachen und ihn andererseits beglückten oder wenigstens
beruhigten.

Nachdem er viele Monate sein Denken untersucht und,
wenn nötig, in eine andere Richtung gelenkt hatte, stellte er
fest, dass ihn nichts mehr erschüttern konnte. Mehr noch:
Er hatte eine dauerhafte Zufriedenheit erlangt, die sogar
anderen sofort auffiel. Seine Gesichtszüge waren entspannt.
Oft lächelte er.

Siddhartha kehrte zu der Gruppe der Asketen zurück,
die er verlassen hatte. Erst wiesen sie ihn aufgrund ihrer
anhaltenden Enttäuschung ab. Dann aber interessierten
sie sich für das, was er gefunden hatte; denn es war so offensichtlich, dass er sich positiv veränderte hatte. Als sie
seine Methode kennenlernten, überzeugte sie dieser Weg
so sehr, dass sie sich Siddhartha – der in der Folgezeit meist
der Buddha, das heißt der Erwachte, genannt wurde – an-
schlossen.

Siddhartha wollte auch seine beiden Meditationslehrer
in seine neue Philosophie einführen. Diese waren aber bereits gestorben. Obwohl er anfangs Zweifel hatte, ob andere
seinem Weg folgen wollten, hatte er sich dazu durchgerun-
gen, seine Lehre zu verbreiten. Einige würden sie verstehen.
So legte er in den folgenden 40 Jahren jedem, der sich für
seine Methode interessierte, dar, was er tun müsste, um
dieselbe Zufriedenheit und Ruhe zu erlangen.

Das Ende der Geschichte kennen Sie. Der Buddha überzeugte so viele Menschen von seinen Erkenntnissen, dass seine Lehre bis heute existiert.

Was sich daraus lernen lässt

Heute wird die buddhistische Lehre oft weitgehend gleichgesetzt mit der Meditationspraxis. Es existiert die Vorstellung, sich durch reine Achtsamkeit vom allgegenwärtigen Stress befreien zu können. Als ob es so leicht wäre!

Das Leben des Buddha bestätigt diese vereinfachte Sicht der Dinge nicht. Meist wird übersehen, dass er mehr für sein Glück und seine Gelassenheit getan hat, als nur zu meditieren. Zwar ist Bewusstheit die Voraussetzung, um wahrnehmen zu können, was nicht stimmt, und es dann klug zu ändern. Aber es ist eben nur der Anfang zum Besseren hin und nicht schon der ganze Weg.

Wäre Meditation, also Achtsamkeit allein, der Schlüssel für mehr Glück und Gelassenheit, hätte Siddhartha bei einem der beiden Meditationsmeister bleiben und dessen Nachfolger werden können. Er hatte jedoch erkannt, dass Meditation nur vorübergehend vom Leiden befreit.

Bereits bevor er gelernt hat zu meditieren, hatte Siddhartha einiges getan, was ihn seinem Ziel näher brachte. Und auch danach folgten noch mehrere entscheidende Schritte. Schauen wir uns das näher an:

– Zuerst hat er sich aus den Verhältnissen gelöst, die ihn bedrückten, obwohl er rein äußerlich gesehen alle Freiheiten genoss. Er verließ seine Familie und gab den für ihn vorgesehenen Beruf auf. Dabei nahm er in Kauf, dass er keinerlei materielle Absicherungen hatte. Um seines Seelenfriedens willen ging Siddhartha erhebliche Risiken ein.

— Er hatte mehrere Lehrer. Alles, was er als Kind und Heranwachsender gelernt hatte, konnte er später nutzen. Als Angehöriger einer privilegierten Schicht bekam er eine ausgezeichnete Ausbildung. Sein Vater war selbst ein gebildeter Mensch. Er leitete die Regierung seines Landes ebenso wie die Verwaltung. Außerdem war sein Vater oberster Richter. Insofern überrascht es nicht, dass der Buddha später in der Lage war, eine Organisation aufzubauen, die bis heute existiert. Er fand bei Königen und Kaufleuten einflussreiche Unterstützer, also in Kreisen, die ihm von Kind auf vertraut waren, deren Sprache und Sitten er bestens kannte.

— Bei zwei Meditationslehrern lernte er alles, was auf dem Gebiet möglich war. Das verhalf ihm zwar nicht zu der gesuchten Erleuchtung, bereitete diese aber vor. Der Buddha fand seinen Weg also nicht vollkommen allein.

— Nur zuletzt war er auf sich selbst angewiesen. Er fand niemanden, bei dem er das lernen konnte, was er erfahren wollte, nämlich mehr als vorübergehende Entspannung. Siddhartha war also sowohl Schüler mehrerer Lehrer als auch Autodidakt.

— Siddhartha hat zwei Extreme erlebt und aufgegeben. Sein Leben im Luxus als Königssohn empfand er als unbefriedigend, weil es ihn nicht von seiner Todesangst erlösen konnte. Das Dasein als Asket zuzubringen, half ihm aber auch nicht weiter. Hunger und Schmutz steigern das Leiden noch, anstatt es aufzulösen. Daraus zog er den Schluss, dass Einseitigkeiten und Extreme ganz allgemein gemieden werden müssen.

– Als Kind hatte Siddhartha Ruhe und Glück empfunden. Wenn er zum Beispiel im Schatten eines Baumes saß und an nichts dachte bzw. keinen unglücklich machenden Gedanken nachhing, war seine Welt in Ordnung. Viel mehr brauchte es nicht. Deshalb suchte sich Siddhartha eine vergleichbare Umgebung, um an diese einst gekannte Seelenruhe anzuknüpfen. Die Erinnerung gab ihm außerdem die Hoffnung zurück, dass Glück und Gelassenheit möglich sind.

– Entscheidend war die Erkenntnis, dass der Geist sowohl der Ursprung des Leidens wie der Seelenruhe ist. Wir fühlen und handeln so, wie wir denken. Hass endet nicht durch Hass, sondern durch sein Gegenteil: Liebe. Der Buddha erkannte, dass er sich seine Gedanken bewusst machen und ändern musste, um sich von ihrem schädlichen Einfluss zu befreien. Nur dadurch konnte er auf Dauer Glück und Gelassenheit erreichen. Seine innere Befindlichkeit war nicht mehr von äußeren Umständen abhängig.

– Nach seinem Erwachen aus den unheilvollen Tagträumen, die ihm nur Ängste, Depressionen und Wut brachten, entschloss der Buddha sich, diese Erkenntnis anderen zu vermitteln. Anstatt sich zurückzuziehen und mit dem Gesicht zur Wand in einer dunklen Höhle im Himalaya zu sitzen, durchwanderte er mehrfach die Region, um allen, die aufgeschlossen waren für seine Lehre, beizubringen, wie man sich aus eigener Kraft für immer vom Stress befreien kann. Wenn man so will, kann man sagen, dass er zu einem neuen Beruf, zu seiner Berufung im allerbesten Sinne, gefunden hatte. Er war ein Lehrer geworden, der den Menschen seine befreiende Lebensphilosophie anbot.

— Zugleich hatte er eine neue »Familie« gefunden. Im engeren Sinne bestand sie aus gleichgesinnten Menschen, die seine Lehre verstanden und praktizierten. Es waren die von ihm ausgebildeten Mönche, Wanderlehrer, Freunde, Lebensgefährten, Seelenverwandten oder wie immer man dies nennen will, mit denen er zusammenlebte. Es wäre falsch, den Buddha als Einzelgänger zu sehen. Über den engeren Kreis von unmittelbaren Begleitern hinaus betrachtete er die gesamte Menschheit, vielleicht sogar alle beseelten Wesen, als seine Familie.

— Am Rande sei bemerkt, dass der Buddha durch seine langen Wanderungen ein hervorragendes Fitnessprogramm bis ins hohe Alter von 80 Jahren absolvierte. Das Gehen ist für Menschen wohl das schonendste und beste Herz-Kreislauf-Training, das es gibt. Für den Buddha war es eine hervorragende Ergänzung zu seinem Geistestraining. Meditatives Gehen gehört auch heute noch zu jeder Ausbildung in Achtsamkeit. Es trägt zur allgemeinen Entspannung und Beruhigung von Körper und Geist erheblich bei.

Wir finden also in der Biografie des Buddha viele Punkte, die für das Erreichen seines Ziels wesentlich waren. Sie sind für alle interessant, die wissen wollen, wie Siddhartha es geschafft hat, zum Buddha zu werden.

Vier Wahrheiten

In den Vier Edlen Wahrheiten ist die Lehre des Buddha in kurzer Form zusammengefasst. Sie bilden daher den Kern aller traditionellen Überlieferungen. Ich werde sie hier so darstellen, wie es der Lebensgeschichte des Buddha entspricht.

1. Die Wahrheit vom Leiden

Jeder Mensch leidet. Auf diese Tatsache weist der Buddha uns als Erstes hin. Solange man sich nicht bewusst macht, dass man leidet, ist keine Umkehr möglich. Deshalb ist es keineswegs negativ, festzustellen, dass und unter welchen Umständen Leiden auftritt.

So wie viele andere litt Siddhartha darunter, dass Menschen krank werden, altern und sterben. Diese Vorstellungen deprimierten ihn. Andererseits hatte er beobachtet, dass nicht jeder unter diesen Tatsachen leidet. Manchmal traf er Menschen, die zumindest zeitweise glücklich schienen, obwohl sie genauso der Vergänglichkeit unterworfen waren wie alle anderen. Woran also lag es, ob jemand unglücklich oder glücklich war?

2. Die Wahrheit von der Entstehung des Leidens

Wenn Menschen denselben Umständen ausgeliefert sind,

die einen aber glücklich oder gelassen bleiben, während die anderen verzweifelt sind, dann kann es offensichtlich nicht an den Umständen selbst liegen, wie Menschen fühlen und handeln. Wovon hängt es dann ab, wenn nicht von der Umgebung?

Der Buddha stellte nach jahrelanger Suche fest, dass sich im Inneren eines Menschen, in seinem Geist, entscheidet, wie er auf die äußeren Bedingungen reagiert. Es kommt darauf an, worauf jemand seine Aufmerksamkeit richtet, wie er dies tut und wie er über die Dinge denkt.

Die äußeren Dinge sind reine Tatsachen. Erst der menschliche Geist teilt sie in Kategorien ein. Er bewertet sie als angenehm, unangenehm oder gleichgültig. Im ersten Fall entsteht Freude, im zweiten Leid und im dritten Gelassenheit.

Leiden ist, so gesehen, ebenso wie Glück oder Seelenruhe ein subjektives Erleben. Menschen *machen* ihre Erfahrungen, und zwar nicht im passiven Sinne, sondern aktiv dadurch, dass sie die Wahl treffen, wie sie denken, fühlen, reden und handeln wollen. Sie sind sich ihrer Entscheidung nicht immer bewusst und können deren Folgen noch weniger zuverlässig einschätzen. Dennoch kommt niemand, der gründlich darüber nachdenkt, an der Erkenntnis vorbei, dass Leiden und Freude kein reiner Zufall sind, sondern das Ergebnis kognitiver Prozesse, einfacher gesagt: des Denkens und Beurteilens.

Die inneren Einstellungen, die am häufigsten Leiden hervorrufen, sind nach Ansicht des Buddha Gier, Hass und Verblendung. Mit Gier ist das unbedingte Habenwollen, mit Hass das absolute Nicht-Habenwollen und mit Verblendung Unwissenheit, Leugnung oder Voreingenommenheit gemeint. Wer glaubt, etwas haben zu müssen, koste es, was es wolle, öffnet dem Unglück Tor und Tür. Fanatismus, Hass und Feindschaft bewirken dasselbe. Und die Folgen von Dummheit, Borniertheit, Vorurteilen und Unbelehrbarkeit sind ebenso bekannt. Insofern dürfte es nicht allzu schwerfallen, dem Buddha zuzustimmen.

Sein eigenes Leiden war dadurch bestimmt, dass er im Hause seines Vaters unter Bedingungen lebte, die er innerlich vehement ablehnte. Er wollte sie weder akzeptieren, noch konnte er etwas dagegen unternehmen. Insofern lebte er in einer ständigen Zwickmühle. Erst als er es wagte, gewissermaßen von zu Hause zu fliehen, besserte sich seine Lage.

Vor Krankheit, Alter und Tod konnte Siddhartha jedoch nicht davonlaufen. In diesem Fall half ihm nur, diese Tatsachen schließlich zu akzeptieren.

3. Die Wahrheit vom Vergehen des Leidens

Entgegen einer verbreiteten Meinung vergeht Leiden nicht von selbst. Vielmehr müssen sich die Umstände ändern, unter denen es entstanden ist. Dies können die äußeren Bedingungen sein, wie im Beispiel des Buddha, als er sich eine neue, ihm gemäßere Umgebung suchte. Oder die »inneren Umstände«, das heißt, die Einstellung muss sich ändern. Dies ist die einzige Möglichkeit, wenn die Tatsachen unabänderbar sind, wie beispielsweise bei Krankheit, Alter und Tod. Niemand kann es vermeiden, ab und zu krank zu werden. Keiner kommt an der Tatsache vorbei, dass seine Jugend vergeht und er eines Tages sterben muss.

Die Tatsachen sind, wie sie sind. Das Leiden dagegen ist die Folge der eigenen Ansichten. Man könnte auch sagen: eine Frage der Wahl. Ich weiß, dass dies manchem zu weit geht, und will Sie auch nicht drängen, dieser Auffassung vorbehaltlos zuzustimmen. Der amerikanische Psychiater Milton Erickson hat es mal so gesagt: »Ich möchte nicht, dass Sie glücklicher werden, als Sie es wollen.« So ungefähr würde ich es auch ausdrücken. Sie sollen sich nur so weit entspannen, wie Sie es richtig finden. Was Sie denken, fühlen, sagen und tun wollen, ist allein Ihre Entscheidung. Die Philosophie des Buddha ist ein reines Angebot, das man ganz, teilweise oder gar nicht annehmen kann. Das ist sein besonderer Charme.

Wenn Gier, Hass und Verblendung die Hauptursachen des Leidens sind, dann sind jedenfalls Gelassenheit, Wohlwollen und Weisheit die besten Gegenmittel. Diese Tugenden beruhen alle auf bestimmten inneren Einstellungen, die man üben kann.

Der Buddha hat später in seinen Lehrreden beschrieben, wie er nach seiner Erleuchtung jahrelang systematisch jeden leidvollen, vernunftwidrigen Gedanken durch eine beruhigende oder beglückende, wirklichkeitsgemäße Überlegung ersetzt hat. Die Erleuchtung, das heißt die Einsicht in die Ursachen und die Überwindung des Leidens, ist relativ schnell möglich. Der Einsicht Taten folgen zu lassen, also beharrlich an seinen Einstellungen und seinem Verhalten zu arbeiten, ist dagegen wesentlich schwieriger und dauert entsprechend länger. Jeder kann ein Buddha werden, aber alles hat eben seinen Preis, auch die Buddhaschaft. (Wenn

Sie mögen, können Sie die Einzelheiten in meinem Buch ›Erleuchtung in sieben Tagen‹ nachlesen.)

Das Leiden vergeht dort, wo es entsteht: im menschlichen Geist. Das ist die grundlegende Erkenntnis des Buddha.

4. Die Wahrheit vom Weg, der zur Überwindung des Leidens führt

Um ein entspanntes und glückliches Leben zu führen, ist mehr nötig, als nur auf seine Gedanken zu achten. Darüber war sich der Buddha vollkommen im Klaren. Deshalb hat er weitere Punkte aufgeführt, die jedem helfen können, der sich Gelassenheit und Glück zum Ziel setzt. Der Weg zur Aufhebung des Leidens umfasst acht verschiedene Aspekte. Im nächsten Abschnitt wollen wir uns näher mit ihnen beschäftigen.

Der achtfache Weg

Der Buddha hat immer wieder acht Strategien besonders hervorgehoben. Jede von ihnen trägt dazu bei, sich von allen überflüssigen Spannungen in der eigenen Person und im Zusammenleben mit anderen zu befreien.

Die acht Punkte des Wegs haben keine bestimmte Rangfolge. Vielmehr stehen sie alle untereinander in Verbindung. Wendet man eine der Methoden an, erleichtert dies, auch die anderen zu praktizieren. Die Stationen des Weges liegen eher auf einem Kreis, was bedeutet, dass man im eigentlichen Sinne nie ein für alle Mal am Ziel ankommt, sondern ein Leben lang weiterüben muss. Sie berühren sich im

Mittelpunkt. Da es nur möglich ist, sie nacheinander darzustellen, verzichte ich auf eine Nummerierung.

Die ersten beiden Strategien beziehen sich auf das Denken:

– Erkenntnis, die vom Leiden befreit

Zunächst gilt es die Vier Edlen Wahrheiten zu verstehen und sich unentwegt bewusst zu machen. Es kommt darauf an, zu erkennen, wann es einem selbst oder anderen schlecht geht, was die Gründe dafür sind, welche Möglichkeiten bestehen, die entstandenen Probleme zu lösen, und was man konkret tun will. Wann immer Gier, Hass und Verblendung im Spiel sind, macht man sich dies bewusst und ergreift im Rahmen des Möglichen und Angemessenen geeignete Gegenmaßnahmen. Das Ziel dabei ist immer, das Leiden zu mildern oder zu beenden und es auf keinen Fall zu verschlimmern.

– Denken, das vom Leiden befreit

Nach Ansicht des Buddha ist das Denken der wichtigste Schlüssel für Gelassenheit und Glück. Entscheidend ist, worauf man die Aufmerksamkeit lenkt und wie man die Tatsachen bewertet. Je sachlicher man dies macht, desto weniger Aufregung entsteht. Insbesondere Gedanken und Vorstellungen, die Gleichmut, Freundlichkeit und Weisheit beinhalten, führen zu innerer und äußerer Harmonie.

Die nächsten drei Punkte gehen auf das Handeln und den Umgang mit anderen ein:

– Kommunikation, die vom Leiden befreit

Durch Lügen, Tratschen, Beleidigen, verbale und nonverbale Feindseligkeiten und Grobheiten entstehen kleine und große Spannungen zwischen Menschen. Wenn man herabsetzend mit anderen spricht, ruft dies schädliche Folgen hervor. Deshalb ist bei allen Äußerungen darauf zu achten, dass niemand angegriffen wird, nicht einmal mit Worten. Im Gegenteil: Alle Gespräche sollten in einem freundschaftlichen Geist geführt werden, selbst wenn es um Meinungsverschiedenheiten geht.

– Handeln, das vom Leiden befreit

Der Buddha hat nicht nur seine leidvollen, vernunftwidrigen Gedanken ersetzt. Er hat darüber hinaus sein Verhalten geändert, um beispielsweise seine Abneigung gegen Krankheit, Alter und Tod zu überwinden. In den überlieferten Berichten wird geschildert, dass er Kranke besucht hat, die von allen anderen gemieden wurden. Er hat sich nachts an scheinbar unheimliche Orte begeben, um sich von weiteren unbegründeten Ängsten zu befreien. Außerdem enthält seine wichtigste Lehrrede eine ausführliche Anleitung, wie man sich mit dem Tod konfrontiert, indem man Verstorbene betrachtet. Damals war es in der Gegend, wo der Buddha lebte, üblich, Tote einfach auf sogenannte Leichenfelder zu werfen, wo sie dann langsam verwesten. Der Zerfall des Körpers konnte daher von allen, die dies wollten (aber wer wollte das schon?), studiert werden. Es ist davon auszugehen, dass Siddhartha selbst sich häufig dieser Übung unterzog, um sich gegenüber der Tatsache des Todes zu desensibilisieren. Wenn die Sterblichkeit als normaler Teil der menschlichen Existenz angesehen wird, anstatt den Gedanken daran zu vermeiden, verliert sie viel von ihrem Schrecken.

Die Art und Weise, wie Siddhartha seine Ängste und Depressionen durch Selbsthilfe hinter sich gelassen hat, erweist ihn als kenntnisreichen und erfahrenen Psychologen. Weiter als er ist die moderne westliche Psychologie heute auch nicht gekommen, eher im Gegenteil.

Falls Sie nun auf die Idee kommen, dem Buddha nachzueifern, möchte ich Sie jedoch warnen und auf Ihre eigene Verantwortung hinweisen. Der Buddha war ein sehr umsichtiger, vorsichtiger Mensch, der seine Risiken genau kalkulierte. Er wäre mit Sicherheit nicht an wirklich gefährliche Orte gegangen oder hätte auch keine ansteckenden Krankheiten in Kauf genommen. Bedenken Sie stets, dass sein Ziel die Befreiung vom Leiden war und nicht dessen Verschlimmerung.

Das Verhalten sollte weder einem selbst noch einem anderen schaden. Um diese Regel ging es dem Buddha.

– Arbeit, die vom Leiden befreit
Wie oft steht bei der Produktion von Gütern und der Erbringung von Dienstleistungen der reine Profit im Mittelpunkt! Vielen Menschen scheint es vollkommen egal zu sein, wie viel Betrug, Umweltzerstörung, Korruption und Leid dabei vorkommen. Ihre Maxime lautet: Der Zweck heiligt die Mittel.

Auf diese Weise den Unterhalt zu verdienen und darüber hinaus möglichst viel Geld auf das eigene Konto zu bringen, ist der helle Wahnsinn. In der Sprache des Buddha ist es nichts als reine Gier und Verblendung.

Die buddhistische Arbeits- und Wirtschaftsethik sieht vollkommen anders aus. Arbeit ist nicht zwangsläufig leidvoll und von Stress geprägt. Erst verkehrtes Denken und Handeln macht sie zu einer unangenehmen, schmerzhaften Erfahrung. Zeitdruck, Ausbeutung, Sklavenhalterei, Profitgier, Arbeitslosigkeit, Finanzkrisen, Armut, Inflation, Konsumsucht, schlechte Arbeitsbedingungen, Mobbing: Das alles sind keine zufälligen und unvermeidbaren Erscheinungen. Sie treten immer dann auf, wenn bestimmte irrationale Denk- und Verhaltensweisen sich in einer Gesellschaft durchsetzen und zur Gewohnheit werden. Sie sind jederzeit änderbar. Voraussetzung dafür ist jedoch ein anderes Bewusstsein. Generell kann man sagen, dass die Arbeitsverhältnisse die herrschende Wirtschaftsphilosophie stets präzise abbilden.

Im Grunde genommen ist die buddhistische Arbeits- und Wirtschaftsmoral revolutionär, überhaupt nicht im Sinne eines gewalttätigen Umsturzes, jedoch in der radikalen Abkehr von vielen allgemein akzeptierten Annahmen, wie man seinen Lebensunterhalt zu verdienen habe.

Nach der Lehre des Buddha ist es undenkbar, sich selbst, andere Menschen oder Tiere und Pflanzen vorsätzlich zu schädigen, nur um Geld zu machen. Der Zweck und die Mittel der Arbeit sollen dem Leben, der Gesundheit und dem Glück aller dienen, sonst ist jede Berufstätigkeit sinnlos.

Dass der Buddha es ernst meinte mit dem, was er lehrte, zeigt sich übrigens auch daran, dass er selbst mehrere profitable und angesehene Karrieren ausschlug, um einen Beruf auszuüben, der ihm wirklich etwas bedeutete. Er hätte der Nachfolger seines Vaters und damit Regierungs- und Verwaltungschef sowie der oberste Richter seines Landes werden können. Außerdem hatte er zwei Angebote, die Meditationsschulen seiner Lehrer zu übernehmen. Siddhartha zog es jedoch vor, sein Glück und seine Zufriedenheit über diese Karrieren zu stellen. Alles, was er an materiellen Dingen besaß, waren zwei Gewänder, eines, das er trug, und ein weiteres zum Wechseln sowie eine Bettelschale für das Essen.

Revolutionär war seine Lehre auch insofern, als er Angehörige der untersten Kaste in die Gemeinschaft seiner Mönche aufnahm. Über diese Grenze hatte sich zuvor noch niemand hinweggesetzt. Der Buddha erkannte jedoch Höherstellungen oder Herabsetzungen, die auf Geburt, Besitz und Tradition beruhen, nicht an. Die Hierarchie unter seinen Anhängern bestimmte sich allein nach dem Verständnis und der praktischen Beherrschung seiner Lehre. Ein Meister und damit zum Unterricht berechtigt, war, wer ein hohes Maß an Gelassenheit, Freundlichkeit und Zufriedenheit verwirklicht hatte.

Die übrigen drei Strategien haben mit der Weiterentwicklung des eigenen Bewusstseins zu tun:

– Lernen, das vom Leiden befreit

Natürlich ist es nicht leicht, angesichts der vielen inneren und äußeren Widerstände entspannt und glücklich zu leben. Das wusste der Buddha aus eigener Erfahrung. Deshalb empfahl er seinen Schülerinnen und Schülern, fleißig und beharrlich zu lernen. Man muss zahlreiche Irrtümer, Misserfolge und Rückschläge auf dem Weg zum Ziel hinnehmen, ohne jemals aufzugeben. Gelassenheit, Glück und Freundlichkeit sowie andere Tugenden fallen niemandem einfach so zu. Vielmehr muss man sich immer wieder die Ziele vor Augen halten und alles Notwendige tun, um sie zu erreichen. Wir beschäftigen uns mit dem Lernen als Mittel zum entspannten Leben im siebten Kapitel ausführlicher.

– Achtsamkeit, die vom Leiden befreit

Achtsamkeit ist die Fähigkeit, die alle übrigen Strategien zur Entfaltung bringt. Man muss genau beobachten, was einem hilft, gelassener zu werden, und was dabei schadet. Nur wenn man sorgfältig darauf achtet, was einem guttut und was nicht, kann man sich weiterentwickeln. Umsicht, Besonnenheit und Rücksichtnahme sind Tugenden, die verhindern, dass man voreilig falsche Schlüsse zieht, unbedacht handelt oder die Interessen und Gefühle von sich selbst und anderen missachtet.

Achtsamkeit setzt einen klaren Verstand voraus. Deshalb ist es besser, Alkohol, Drogen und ähnliche Substanzen nicht zu sich zu nehmen. Die richtige Ernährung, ausreichende Bewegung sowie das rechte Maß an Schlaf helfen dem Verstand ebenfalls, optimal zu arbeiten. Hunger und Übersättigung, Bewegungsarmut und körperliche Überanstrengung, Schlafmangel und Trägheit erschweren es dagegen, die geistigen und körperlichen Aufgaben zu erfüllen, die nötig sind, um ein gutes Leben zu führen.

– Meditation, die vom Leiden befreit

Meditation schult einerseits die Achtsamkeit, indem unablässig ein bestimmtes Objekt wie z. B. der Atem beobachtet wird. Andererseits beruhigt das Meditieren Körper und Geist, weil die Gedanken zur Ruhe kommen. Wie Sie die Meditation einsetzen können, um sich zu entspannen, habe ich im zweiten Kapitel beschrieben.

Der Buddha hat allerdings schon früh die Erfahrung

gemacht, dass Meditation nur vorübergehend vom Leiden befreit. Deshalb möchte ich noch einmal hervorheben, dass es ein Fehler wäre, diese Strategie als einzige anzuwenden, so wie es leider viele tun. Sie halten den Buddha für eine Art Meditationsmeister, zumal er in Skulpturen fast immer meditierend dargestellt wird, und wollen ihm nacheifern. Besonders wenn man nur zu festgelegten Zeiten meditiert und nicht den Alltag selbst zur Meditation macht, kehren die bedrückenden, leidvollen Gedanken immer wieder zurück. Ebenso werden Verhaltensweisen, die Stress verursachen, allein durch das Meditieren nicht verändert. Sofern jemand neben der Meditation einen Beruf ausübt, der vor allem der Profitgier dient, wäre dies im Grunde genommen eine Perversion der Meditation, weil die Sammlung der Kräfte einer Leid bringenden Tätigkeit zugute käme.

Deshalb hat der Buddha nicht ausschließlich meditiert, sondern ist von Ort zu Ort gewandert, um anderen zu helfen, ebenfalls ein ausgeglichenes, entspanntes und befriedigendes Leben zu führen. Er hat selbst alle acht Methoden des von ihm dargelegten Weges zur Überwindung des Leidens praktiziert.

Entspannt leben in einer Welt voller Leiden

Die Vier Edlen Wahrheiten einschließlich des achtfachen Wegs zur Aufhebung des Leidens sind heute genauso aktuell wie vor 2500 Jahren. Jeder Mensch, der auf diese Welt kommt, muss lernen, wie er mit Ängsten, Enttäuschungen,

Trauer und Ärger umgehen will, wie diese entstehen und vergehen, was man tun kann, um sich von belastenden Gefühlen zu befreien und in Zukunft zu verhindern, dass sie unnötigerweise wieder auftreten.

Nicht jede Angst und nicht jeder Ärger ist verkehrt. Ängste warnen uns vor Gefahren. Ärger gibt uns die Kraft, anderen Grenzen zu setzen, wenn diese unsere Interessen missachten. Enttäuschung zeigt uns, was wir beim nächsten Mal anders machen können, damit sich unsere Erwartungen erfüllen.

Leider sind viele sorgenvolle Gedanken und belastende Gefühle vollkommen überflüssig. Gier und Hass bringen niemanden weiter. Die Angst, Fahrstuhl zu fahren oder mit anderen Menschen zu sprechen, behindert einen im Alltag nur. Der Ärger über eine rote Ampel ist unsinnig. Irrationale Gedanken führen nur zu verrücktem Verhalten.

In der Tat ist die Welt voller Leiden. Ein Teil davon ist unvermeidbar und muss akzeptiert werden. Der größere Teil allerdings beruht auf falschem Denken und Verhalten. Kriege, Hungersnöte, Umweltzerstörung gehören zu den großen Leid bringenden Erfahrungen. Sie sind vollkommen überflüssig und allein Ausdruck eines unentwickelten Bewusstseins. Wo Gelassenheit, Glück und Liebe fehlen, kommt es zwangsläufig zu Akten der Zerstörung. Solange Menschen in ihrer Verblendung glauben, dass ihnen ein von ungezügelter Gier geprägtes Wirtschafts- und Militärsystem nützt, anstatt zu sehen, dass es millionenfachen Tod, Zerstörung, Armut, Elend und unendliches Unglück hervorruft, ist für die meisten keine Besserung in Sicht.

Einzelne dagegen – wie der Buddha – werden es unabhängig von der historischen, wirtschaftlichen und politischen Situation immer wieder schaffen, sich von dem leidvollen Denken, Fühlen, Reden und Handeln abzuwenden und für sich und andere mehr Entspannung, Zufriedenheit und Freundschaft zu erreichen. Das Leben ist nicht als Unglück gemeint. Erst das Denken und Handeln können es dazu machen. Jeder kann jedoch jederzeit anfangen, sich zu ändern. Ich möchte Sie deshalb mit diesem Buch ermutigen, dem Beispiel von Menschen wie Siddhartha Gautama, dem Buddha, zu folgen, die sich gegen das Leiden und für eine bessere Lebensweise entschieden haben.

7. LERNEN: DER SCHLÜSSEL ZUR GELASSENHEIT

Versuch und Irrtum

Was Entspannung angeht, sind Sie kein Anfänger. In der Vergangenheit haben Sie kleine und größere Probleme bereits gelassen bewältigt. Sie haben vielleicht nur vergessen, wie Sie das geschafft haben.

Erinnern Sie sich jetzt einmal an Situationen, die eigentlich schwierig waren, in denen Sie jedoch ruhig reagiert haben. Situationen, die anderen normalerweise zu schaffen machen, die für Sie aber kein besonderes Problem darstellen. Wenn Sie sich eine davon, besser noch: drei solcher Stressmomente wieder bewusst gemacht haben, überlegen Sie, was Ihnen dabei geholfen hat. Was haben Sie gedacht, um die Ruhe zu bewahren? Wie haben Sie damals gehandelt, um das Problem ohne größeren Stress zu lösen? Hat Ihnen jemand zur Seite gestanden? Welche Eigenschaften hatte diese Person? Was hat Ihnen noch geholfen?

Halten Sie sich immer wieder vor Augen, dass Sie bereits in der Lage sind, sich zu entspannen, selbst in manchen Stresszeiten. Denken und handeln Sie so, wie Sie es in der Vergangenheit bereits erfolgreich getan haben, um gelassen zu bleiben.

Sie können nicht nur von sich selbst, sondern auch von anderen lernen. Kennen Sie Personen, die es verstehen, über den Dingen zu stehen, auch wenn es hoch hergeht? Überlegen Sie einmal, wie diese Menschen das machen. Was mögen sie denken? Wie verhalten sie sich? Was sagen sie? Wie organisieren sie sich Hilfe? Versuchen Sie, sich diese Denk- und Verhaltensstrategien Stück für Stück ebenfalls anzueignen. Wenn Sie nicht weiterwissen, fragen Sie sich, was Ihre Vorbilder sich an Ihrer Stelle wohl sagen würden. Was würden diese vermutlich tun, wenn sie in Ihrer Situation wären? Vielleicht haben Sie sogar die Möglichkeit, diese Menschen direkt zu fragen: »Sag mal, was würdest du an meiner Stelle tun? Wie würdest du mit dir reden, um gelassen zu bleiben?«

Eine weitere Möglichkeit, systematisch zu lernen, wie Sie entspannter leben können, besteht darin, dass Sie sich von jetzt an selbst beobachten. Lassen Sie abends für ein paar Minuten den Tag vor Ihren Augen Revue passieren. In welchen Momenten ist es Ihnen gut gelungen, ein wenig über den Dingen zu stehen? Wie haben Sie das gemacht? Womit sind Sie noch nicht zufrieden? Was können Sie auf welche Weise beim nächsten Mal anders machen? Wie wäre es, mal das Gegenteil von dem zu denken und zu tun, was bei Ihnen Stress auslöst?

Am besten ist es, solche Überlegungen schriftlich festzuhalten. Das muss nicht umfangreich sein. Im Gegenteil: ein paar Stichworte genügen schon. Blättern Sie ab und zu, vielleicht am Wochenende, in Ihren Aufzeichnungen. So gehen Ihre guten Ideen nicht verloren und sie geraten auch nicht in Vergessenheit. Ein Fehler, den wir oft machen, ist, dass wir vergessen, was wir schon einmal richtig gut – oder jedenfalls besser als jetzt – konnten. Durch Ihr kleines Tagebuch können Sie das in Zukunft verhindern.

Lassen Sie sich von Rückschlägen nicht entmutigen. Lernen ist nur möglich über eine Serie von Misserfolgen. Versuch und Irrtum gehören zusammen wie Feuer und Rauch oder Tag und Nacht.

Wenn man die Strategien, die ich in diesem Buch beschreibe, auf den Kopf stellt, erhält man einige der Irrtümer, die einem im Leben passieren können und die allesamt dazu führen, dass man Stress erlebt:

– Die Aufmerksamkeit zu sehr begrenzen, sich zu stark konzentrieren (Gegenstrategie: die Aufmerksamkeit öffnen, entspannen, siehe Kapitel 1)

– Zu wenig oder niemals Ruhepausen machen, nicht meditieren, zu angespannt meditieren (Gegenstrategie: Erholungspausen einlegen, meditieren – aber richtig, siehe Kapitel 2)

– Irrational denken, Situationen unnötig als Katastrophe betrachten, dramatisieren, sich ständig unter Druck setzen durch Muss-Gedanken (Gegenstrategie: das Denken entspannen, siehe Kapitel 3)

– Grübeln, anstatt zu handeln und so zu leben, wie man es liebt (Gegenstrategie: aufhören, so viel zu denken und so sehr auf die Gefühle zu achten, anfangen zu leben, siehe Kapitel 4)

– Nie oder zu selten die Haltung des reinen Beobachters einnehmen, zu wenig Bewusstheit entwickeln, falscher

Gebrauch des Willens, die Wahlmöglichkeiten nicht wahrnehmen oder zu oft die falsche Wahl treffen (Gegenstrategie: öfter mal über den Dingen stehen, beobachten, die bestehenden Möglichkeiten erkennen, das Für und Wider abwägen und die bestmögliche Entscheidung treffen, siehe Kapitel 5)

— Nicht den eigenen Weg gehen, falsche Entscheidungen nicht korrigieren, das Leben von anderen bestimmen lassen; Gier, Hass und Unwissenheit zu selten durch Gelassenheit, Wohlwollen und Weisheit ersetzen (Gegenstrategie: die Vier Wahrheiten erkennen, den achtfachen Weg gehen, zum Buddha werden, siehe Kapitel 6)

— Nicht lernen, wie ein entspanntes Leben zu erreichen ist, nicht die Mühen und Irrtümer auf sich nehmen, die mit jedem Lernen verbunden sind (Gegenstrategie: zielstrebig und ausdauernd lernen, siehe Kapitel 7)

— Gar nicht erst anfangen, zu schnell aufgeben, Entspannung, Gelassenheit und Glück immer wieder aufschieben, das gute Leben auf morgen oder unbestimmte Zeit vertagen (Gegenstrategie: heute anfangen, morgen weitermachen, übermorgen wieder darangehen und so weiter, siehe Kapitel 8)

Erlauben Sie sich Irrtümer. Aber versuchen Sie es immer wieder. Geben Sie niemals auf. Machen Sie weiter, bis Sie es geschafft haben, entspannt und zufrieden zu leben.

Kaizen

Kaizen bezeichnet im Japanischen die Veränderung zum Besseren. Als nach dem Zweiten Weltkrieg die japanische Wirtschaft am Boden lag, fehlten überall die Ressourcen, um sofort wieder auf hohem Niveau zu produzieren, sowohl was die Menge als auch die Qualität betraf. So begann man, zunächst in der Automobilindustrie, beginnend bei null, nach ständigen Verbesserungen zu streben. Der Rest der Geschichte ist bekannt. Die japanische Industrie gehört seit Jahrzehnten auf vielen Gebieten zu den führenden. Denken Sie nur an die Geräte, die Sie im Haushalt haben oder hatten: Radios, Fernseher, Video- und DVD-Rekorder, Walkmans, Computer, Fotoapparate und so weiter. Vieles kommt aus Japan und bietet eine überragende Qualität zu vernünftigen Preisen.

Die Prinzipien des Kaizen können Ihnen helfen, zu einem entspannten Leben zu finden. Es geht nicht darum, dies in einem einzigen Sprung zu schaffen, sondern schrittweise. Aus vielen kleinen Verbesserungen ergeben sich mit der Zeit riesige Fortschritte. Es ist ein Prozess, der nie endet. Es lässt sich immer noch etwas verbessern. Dies sollte auf keinen Fall als entmutigend verstanden werden, sondern vielmehr dazu führen, eine Haltung zu entwickeln, die mehr auf den Prozess als auf das Ergebnis schaut.

Die in diesem Buch genannten Strategien ebenso wie alle anderen, die hier nicht weiter ausgeführt wurden, kann niemand an einem Tag lernen. Es braucht viel Zeit und beständiges Üben. Dabei ist es ratsamer, täglich eine Kleinigkeit zu verbessern, als irgendwann im Hauruckverfahren das Versäumte aufholen zu wollen.

Optimierungsprozesse sind unschlagbar. Die Natur arbeitet nach demselben Prinzip. Die Evolution ist ein Ausdruck millionenfacher Anpassungen und Verbesserungen. Wenn nicht einmal der Natur alles auf Anhieb gelingt, wie wollen Sie es dann in kürzester Zeit zur Perfektion bringen?

Verbessern Sie ständig etwas. Nehmen Sie Stresssituationen zum Anlass, entspanntere Reaktionen zu lernen. Ersetzen Sie ein paar unsinnige Gedanken. Machen Sie Gewohntes ein bisschen anders als sonst. Drücken Sie sich geringfügig diplomatischer aus, wenn Sie mit anderen sprechen. Schweigen Sie gelegentlich, anstatt immer etwas zu sagen. Oder gehen Sie ab und zu aus sich heraus, falls Sie sonst nur schweigen.

Nehmen Sie dabei Fehler in Kauf. Korrigieren Sie diese. Akzeptieren Sie es, wenn Sie zeitweise nicht weiterkommen. Stagnation und Rückschritte sind Teil des Lernprozesses. Danach arbeiten Sie an weiteren kleinen Verbesserungen, ohne jemals damit aufzuhören.

Meisterschaft

Durch die Prinzipien des Kaizen können Sie es schließlich zur Meisterschaft in der Kunst bringen, über den Dingen zu stehen, und ein glückliches, entspanntes Leben zu führen. Der Buddha war ein solcher Meister. Aber man muss nicht 2500 Jahre zurück oder bis nach Indien gehen, um Menschen zu treffen, die gelassen und zufrieden leben. Fast überall gibt es Personen, die diese Kunst beherrschen.

Leider haben manche völlig falsche Vorstellungen, was Meisterschaft ist und wie sie entsteht. Sie glauben, dass es eine angeborene Eigenschaft ist und man daher nichts oder wenig dafür tun müsse, nach der Devise: Entweder man hat es oder nicht. Das verbinde diese mit Gelassenheit begnadeten Menschen mit den anderen Genies, denen ihr Können ebenfalls in die Wiege gelegt sei.

Nichts davon ist wahr. Niemand beginnt als Meister. Mühelosigkeit steht am Ende des Weges, nicht am Anfang. Meisterschaft ist der Lohn mühevoller täglicher Kleinarbeit, dauernden Trainings. Schauen Sie sich die Prinzipien des Kaizen an und Sie wissen, welcher Weg zur Meisterschaft führt: das Streben nach ständigen Verbesserungen, schrittweise, nicht sprunghafte Fortschritte, Prozess- statt Ergebnisorientierung, Optimierung statt Perfektion, das Lernen aus Fehlern, unbeirrtes Weiterüben, auch wenn der Prozess zu stagnieren scheint oder gar Rückschritte auftreten.

Dazu ein Beispiel: Der Japaner Morihei Ueshiba (1883–1969) entwickelte eine Kampfkunst, das Aikido. Es heißt, dass er mehrere Angreifer mühelos besiegen konnte. Bei Filmaufnahmen, die Ueshiba in Aktion zeigen, haben Betrachter Zweifel, ob diese nicht gestellt sind. Es sieht fast so aus, als ob die Gegner freiwillig zu Boden fielen. Vielleicht spielt der Respekt vor dem Meister tatsächlich eine gewisse Rolle dabei. Aber heißt es nicht, dass die höchste Form der Meisterschaft darin besteht, nicht kämpfen zu müssen, da es keine ernsthaften Angriffe mehr gibt?

Möglicherweise gibt es für Ueshibas meisterliches Können noch eine viel greifbarere Erklärung. Er hat 60 (in Worten: sechzig!) Jahre lang intensiv trainiert. Speziell die Fähigkeit, gegen mehrere Gegner bestehen zu können, hat er immer wieder gründlich geübt. Auf diese Weise entsteht ein intuitives Erkennen, was die Angreifer wollen. Ihre Bewegungen werden schon im kleinsten Ansatz erfasst. Ihr Vorhaben wird aufgrund tausendfacher Erfahrung von vornherein erahnt. So entstehen Möglichkeiten, effektiv zu reagieren, die weniger Geübte einfach nicht haben. Eine weitere Voraussetzung ist natürlich die vollkommene Beherrschung des eigenen Geistes, der Gefühle sowie des Körpers. Eigentlich kaum noch nötig zu erwähnen, aber Ueshiba verfeinerte seine Kampfkunst auch im Alter noch.

Viele möchten Meister sein. Aber nur wenige sind bereit, entsprechend zu üben. Entscheidend auf Ihrem Weg zur Gelassenheit wird sein, dass Sie sich ein Beispiel an Menschen wie Morihei Ueshiba nehmen und Tag für Tag dazulernen. Nur so werden Sie sich verbessern.

Prüfungen

In dem Film ›Die sieben Samurai‹ von Akira Kurosawa gibt es eine wunderbare Szene zum Thema Prüfungen. Ein Samurai sucht, um ein Dorf zu verteidigen, weitere Kämpfer. Um geeignete Leute auszuwählen, hat er sich einen Test ausgedacht. Er setzt sich in eine Hütte und bittet einen anderen, sich mit einem Stock hinter die Tür zu stellen und die

Eintretenden damit anzugreifen. Der Samurai will sehen, wie sie reagieren.

Der Erste, den er von der Straße zu sich in die Hütte ruft, tappt voll in die Falle. Er bekommt einen heftigen Schlag auf den Kopf. Der Zweite ist so reaktionsschnell, dass er den Angreifer erfolgreich abwehrt. Der Dritte aber ahnt die Falle. Von dem Samurai in die Hütte gebeten, macht er einen Schritt auf diese zu, bleibt dann aber stehen und fragt den Samurai, warum er ihn in einen Hinterhalt locken wolle.

Geht es uns nicht ähnlich, wie diesen dreien? Mal werden wir von den Problemen überrumpelt, mal können wir uns erfolgreich wehren, und wenn wir genügend Erfahrung haben, ahnen wir schon, was auf uns zukommt, und begegnen dem Problem im Ansatz. Das Ziel sollte sein, die Prüfungen zu bestehen, sei es durch eine gute Reaktion oder durch die Vorwegnahme des Problems (manche nennen das proaktives Handeln im Gegensatz zum reaktiven).

Jeden Tag werden unsere Fähigkeiten herausgefordert. Es zeigt sich, wie gut wir das Spiel des Lebens schon beherrschen. Gelingt es uns, klug und gelassen zu agieren? Oder verlieren wir leicht die Beherrschung, indem wir anfangen, zu jammern und zu klagen, andere anzugreifen, uns in unser Schneckenhaus zurückzuziehen oder resigniert zu glauben, die Erde sei ein Strafplanet?

Im Grunde haben Prüfungen eine wichtige Funktion. Sie zeigen einem, was man schon kann und was noch nicht. Besteht man die Prüfung, heißt das, dass man die Lektion verstanden hat und nur noch dafür sorgen muss, sie nicht zu vergessen. Fällt man durch, weiß man, wo die Defizite liegen und was es noch zu verbessern gilt.

Das Leben ist großzügig. Man wird in der Regel nicht ausgeschlossen, wenn man etwas nicht kann, sondern darf weiterlernen und in den nächsten Prüfungen zeigen, ob man die Schwächen inzwischen beseitigt hat. Das ist in gewisser Weise die gute Nachricht. Die schlechte ist, dass man immer wieder geprüft wird. Lernt man nicht dazu, bekommt man immer wieder einen Schlag auf den Kopf, wie im obigen Beispiel. Manchmal ist es nicht so schlimm. Es kann aber auch weitaus härter kommen. Das Leben prüft ohne Rücksicht auf unsere Befindlichkeiten.

Leider ziehen viele aus den Prüfungen des Lebens die falschen Schlüsse. Anstatt zu lernen, fangen sie an, das Leben zu hassen. Sie geben auf und versuchen, allen Herausforderungen aus dem Weg zu gehen. Oder sie stellen sich ihnen, beklagen sich aber, dass das Leben so ist, wie es ist. Sie sehen nicht, dass sie es in der Hand haben, so zu werden wie der Samurai, der so viele Erfahrungen gesammelt hat, dass er bereits ahnt, was die gegenwärtige Situation bedeutet, und die Prüfung mit der Bestnote besteht.

Härtetests

Ob wir etwas als Prüfung empfinden oder nicht, hängt von zwei Faktoren ab: der Herausforderung und unseren Bewältigungsmöglichkeiten. Ein Problem ist kein großes Hindernis, wenn wir damit umgehen können.

Für manche ist es bereits schwierig, sich einen Kaffee zu kochen, weil sie das noch nie gemacht haben und nicht einmal wissen, wie man einen Kaffeeautomaten bedient, geschweige denn einen Kaffee frisch zubereitet. Für die meisten ist dies jedoch kein Geheimnis. Vielmehr ist es so alltäglich, dass sie es nicht als Problem betrachten.

Anders stellt sich die Situation dar, wenn man sich eine Hand verletzt hat und den Kaffee nun mit einer Hand kochen muss. Dann nimmt die Fähigkeit, das gewünschte Ergebnis zustande zu bringen, dramatisch ab und die Aufgabe wird zum Problem. So lange jedenfalls, bis man mit einer Hand ähnlich geschickt ist wie mit zweien.

Noch schwieriger wird es, wenn man sich beide Hände verletzt hat. Wie schafft man es nun, sich einen Kaffee zu kochen? Dies würden die allermeisten sicherlich als echten Härtetest empfinden. Das Trinken eines Kaffees wäre aber keineswegs unmöglich. Es gibt Menschen, die ihre Beine und Füße so geschickt benutzen können wie andere ihre Arme und Hände. Sie können sich einen Kaffee selbst zubereiten und trinken, obwohl ihre Hände nicht zur Verfügung stehen. Derartige akrobatische Fähigkeiten setzen allerdings ein langes Training voraus und wahrscheinlich wäre es auch dann nicht jedem möglich, ein solches Geschick zu entwickeln. Es könnte aber auch ein anderer das Getränk herstellen. Es ließe sich dann mittels eines Strohhalms ohne fremde Hilfe trinken.

Verletzungen oder Behinderungen wie die eben geschilderten zählen sicherlich zu den schwierigeren Aufgaben, die das Leben manchen Menschen auferlegt. Für Siddhartha gehörten Krankheit, Alter und Tod in die Liste der Top Ten. Allein schon das Denken daran belastete ihn. Vielleicht empfanden Sie das obige Beispiel auch etwas bedrückend.

Dennoch hat der Buddha – und mit ihm viele weitere Menschen – gezeigt, dass man mit allen Problemen umgehen kann, egal ob sie real oder nur in der Phantasie bestehen. Enorm wichtig dabei ist die Einstellung. Eine optimistische Denkweise erleichtert die Lösung von Problemen. Eine pessimistische erschwert sie.

Dass die Themen Tod, Trennung oder Krankheit als so belastend empfunden und sie deshalb oft lieber gemieden werden, liegt nicht an den Dingen an sich. Erst die mangelnden inneren und äußeren Bewältigungsmöglichkeiten machen sie zu ernsthaften Problemen. Indem solche Themen tabuisiert werden, anstatt über Lösungen für den Fall der Fälle nachzudenken, wird das Problem weiter verschärft. Deshalb stehen die meisten so fassungslos vor Herausforderungen, die doch eigentlich selbstverständlich zum Leben dazugehören.

Trennungen sind nicht selten. Jedes Jahr werden in Deutschland ca. 200 000 Ehen geschieden. Die Freundschaften, die zerbrechen, sind dabei nicht einmal mitgezählt. Jährlich sterben in Deutschland 800 000 bis 900 000 Menschen. Der Tod ist somit ebenfalls keine Randerscheinung. Wie will man angesichts dieser Tatsachen froh und glücklich, gelassen und zufrieden bleiben, wenn man nicht lernt, die Härtetests zu bestehen?

Life Coaching

Auf die meisten Berufe wird man durch eine Ausbildung vorbereitet. Man muss bestimmte Abschlüsse vorweisen können, um einen bestimmten Beruf ausüben zu dürfen. Bevor man ein Auto fahren darf, ist es erforderlich, eine Zeit lang mit einem Fahrlehrer zu üben und schließlich eine Fahrprüfung abzulegen.

Aufs Leben wird man selten in derselben Weise vorbereitet. Zwar gibt es Schulen, ja sogar eine Schulpflicht. Die bezieht sich aber auf bestimmte Fächer wie Rechnen, Schreiben und Lesen, Fremdsprachen, Erd- und Naturkunde, Geschichte und die Naturwissenschaften.

So bleibt es dem eigenen Geschick überlassen, was man aus seinem Leben macht. Hat man Glück, so kann man sich von den Eltern und anderen Erwachsenen abschauen, wie man mit seinen Gefühlen zurechtkommt, mit anderen glücklich zusammenlebt, Interessenskonflikte durch Verhandlungen und Kompromisse schlichtet, Meinungsverschiedenheiten vernünftig austrägt, Geld verdient, ohne seine Seele und seine Gesundheit zu verkaufen, sich Ziele setzt und diese auch erreicht. Wie gesagt, wenn man Glück hat.

Hat man Pech, dann sieht man überwiegend schlechte Beispiele. In diesem Fall lernt man vielleicht, belastende Gefühle mit Alkohol oder Medikamenten zu betäuben, Beziehungen erst gar nicht aufzubauen oder sie durch destruktives Verhalten bald wieder zu beenden. Konflikte trägt man unter diesen Umständen eher mit verbaler oder körperlicher

Gewalt aus. Man sucht sich irgendeinen Beruf aus, um ein Einkommen zu erwirtschaften, auch wenn man dabei unglücklich ist und sich wünscht, dass möglichst bald das arbeitsfreie Wochenende kommt. Dann weiß man kaum, was man mit seinem Leben eigentlich anfangen will, hat keine wichtigen Ziele oder wenig Ahnung, was man tun muss, um seine Träume zu verwirklichen.

Leben lernen ist eben kein Schulfach. Und ich weiß nicht, ob dies überhaupt wünschenswert wäre, so wie unsere Schulen zur Zeit verfasst sind. Schulnoten würden zu einem solchen Fach nicht passen. Es wäre schlimm, Schülern ein »Mangelhaft« zu geben. Dann hätten sie neben all den anderen Schwierigkeiten noch mit diesem Stempel zu kämpfen, der ihnen Lebensuntüchtigkeit bescheinigte. Zudem würden sie womöglich von Lehrern unterrichtet, die selbst nicht so recht wüssten, was sie mit sich und ihrem Stress machen sollen, außer sich frühpensionieren zu lassen.

Früher konnten nicht einmal Könige rechnen, schreiben und lesen. Diese Fähigkeiten waren das Privileg von einigen wenigen Gelehrten. Erst die Alphabetisierung in der Neuzeit hat es ermöglicht, dass bei uns fast alle eine Grundausbildung erhalten. Aber dieser Prozess ist noch lange nicht abgeschlossen. Außerhalb Europas und Nordamerikas können noch immer zehn bis vierzig Prozent der erwachsenen Bevölkerung nicht lesen und schreiben.

Die Beherrschung von Körper und Geist war in der Vergangenheit ein Privileg. Das Ganze hat selbst in unseren Tagen oft noch den Anschein einer Geheimlehre, die von einigen wenigen Gurus vermittelt wird.

Erst seit wenigen Jahrzehnten beschäftigt sich die moderne westliche Psychologie mit der Erforschung von glücklichen Ehen, kindgerechter Erziehung und positiven Emotionen wie Glück, Gelassenheit und Liebe. Zuvor – und auch das ist kaum hundert Jahre her – studierte sie fast ausschließlich Ängste, Depressionen und Aggressionen, ohne jedoch zunächst die Mittel zu finden, mit denen man diese überwinden kann.

Die Entwicklung von wirksamen Psychotherapien hat Jahrzehnte gedauert. Es hat sich bis jetzt wenig herumgesprochen, was tatsächlich hilft. Gerade in Deutschland glauben immer noch viele, allein die Psychoanalyse sei ein geeignetes Mittel. Wesentlich verbreiteter sind Psychopharmaka, deren Wirksamkeit aber umstritten ist.

Erst seit ca. 20 Jahren ist neben den Therapien, die sich zum Ziel gesetzt haben, psychische Krankheiten zu lindern oder zu heilen, eine neue Richtung erkennbar, die etwas vermitteln will, was man Leben lernen nennen könnte. Sie ist – wie vieles auf dem Gebiet der Persönlichkeitsentwicklung – in den USA entstanden und heißt deshalb Life Coaching.

Coaching begann wie das Lesen und Schreiben als Privileg. Sportler und Manager nahmen die Hilfe eines Coachs in Anspruch, um ihre hochgesteckten Leistungs-, Karriere- und Unternehmensziele zu erreichen. Inzwischen kann aber jeder, der seine beruflichen und privaten Ziele verwirklichen möchte, mit einem Life Coach zusammenarbeiten.

Möglicherweise werden die Themen des Life Coachings irgendwann tatsächlich zu Unterrichtsfächern in Schulen, so wie es bei der Alphabetisierung der Fall war. Das würde jedoch einen weiteren erheblichen Bewusstseinswandel voraussetzen. Schulen wären dann nicht nur »allgemeinbildend« (und nebenbei Stress fördernd), sondern würden die Menschen bereits am Beginn ihres Lebens befähigen, eine unerschütterlich optimistische Einstellung zu entwickeln, sich sinnvolle, interessante Ziele zu setzen und die verschiedenen Herausforderungen, die Tag für Tag auftauchen, konstruktiv zu bewältigen. Dann bestünde für alle tatsächlich eine begründete Chance, ein langes, glückliches und entspanntes Leben zu führen.

Bis es soweit ist – und niemand weiß, ob die Menschheit jemals so reif werden wird, dem technischen Fortschritt eine vergleichbare emotionale, geistige und soziale Entwicklung folgen zu lassen –, haben zumindest Einzelne die Möglichkeit, selbstständig weiterzulernen, um Glück, Gelassenheit und Freundschaft in ihrem Leben fest zu verankern. Dass Sie sich mit diesem Thema befassen, ist heute noch ein Privileg, nur eine Minderheit tut dies. Die meisten plagen sich immer noch mit Problemen herum, die längst der Vergangenheit angehören könnten. Wie ich in Kapitel 5 dargelegt habe, hat der Buddha schon vor 2500 Jahren gezeigt, dass und wie man sich von dem allgegenwärtigen Leiden (Stress) befreien kann. Es ist erstaunlich, dass die Entwicklung des Bewusstseins hinter dem technischen Fortschritt weit zurückgeblieben ist.

8. ANFANGEN – JETZT!

Ist Procrastination ein Fremdwort für Sie?

Sie kennen jetzt verschiedene Strategien, um Ihre Aufmerksamkeit, Ihr Denken und Handeln zu entspannen. Die entscheidende Frage ist nun:

Werden Sie das Gelesene anwenden?

Es ist eine große Versuchung, das Buch am Schluss einfach wegzulegen und die neuen Informationen bald wieder zu vergessen.

Wenn Sie überhaupt bis hierher alles gelesen haben, dürfen Sie sich bereits anerkennend auf die Schulter klopfen. In den großen Buchkaufhäusern wird man heutzutage an der Kasse regelmäßig gefragt: »Möchten Sie das Buch als Geschenk verpackt haben?« Bücher sind besonders zu Geburtstagen und zu Weihnachten beliebte Gaben. Für ein Buch ist das nicht unbedingt ein guter Start; denn Bücher, die man von anderen bekommen hat, werden vermutlich noch seltener gelesen als die, die man sich selbst gekauft hat.

In den USA wird das Aufschieben wichtiger Aufgaben als »procrastination« bezeichnet. »Pro« bedeutet so viel wie »vorwärts« und »crastinate« »morgen«. Man verschiebt die

Dinge von heute auf morgen, von morgen auf übermorgen und so weiter. Das ist bis zu einem gewissen Grad normal. Procrastination beginnt erst, wenn man ständig Wichtiges durch Unwichtiges ersetzt.

Bis man ein gekauftes bzw. geschenktes Buch überhaupt in die Hand nimmt, können Wochen und Monate, wenn nicht Jahre ins Land gehen. Beim Lesen kann es noch einmal längere Zeit dauern, bis man alles oder jedenfalls das meiste zur Kenntnis genommen hat. Schließlich gelangt man an den wirklich kritischen Punkt: Ist man bereit, sich zu verändern?

Um diese Frage zu klären, kann es hilfreich sein, sich die Vor- und Nachteile der Veränderung vor Augen zu führen. Überlegen Sie einmal, was Sie davon hätten, wenn Sie gelassener wären. Woran würden Sie es als Erstes merken? Woran noch? Und andererseits: Welchen Preis müssten Sie dafür zahlen? Ein Nachteil wäre sicherlich, dass Sie bestimmte Gewohnheiten im Denken und Handeln ändern müssten. Das ist nicht leicht.

Denken Sie auch darüber nach, welche Vor- und Nachteile es hätte, einfach so weiterzumachen wie bisher. Es wäre bestimmt bequemer. Sie müssten nichts tun. Aber es würde auch heißen, dass alle Probleme weiterhin bestehen blieben. Ihr Stress würde anhalten.

Bei Veränderungsprozessen ist es günstig, sich täglich die Vorteile bewusst zu machen, die als Lohn aller Mühen auf einen warten. Mit dem Ziel vor Augen ist es leichter, die Anstrengungen der Umgewöhnung zu ertragen. Sehen Sie das größere Bild: die Nachteile *und* die Vorteile. Völlig verkehrt wäre es, sich auf die unangenehmen Gefühle zu konzentrieren, die mit jedem Neuanfang verbunden sind.

Vielleicht können Sie sich mit ein paar Gleichgesinnten zusammentun, mit Menschen, die so wie Sie beginnen wollen, ein entspannteres, zufriedeneres Leben zu führen. Zusammen ist es oft leichter, über die Mühen der Ebene hinwegzukommen. Diejenigen, die nachlassen, werden von den anderen, die noch oder gerade wieder Kraft haben, mitgezogen. Man kann sich zu zweit oder zu mehreren darüber austauschen, was hilft, um Schwierigkeiten zu überwinden. Eine gewisse sportliche Konkurrenz kann auch nicht schaden. Wer möchte schon gerne der Letzte sein?

Nehmen Sie das Ganze jedenfalls nicht zu ernst. Man braucht etwas Leichtigkeit und Humor, um Spaß an der Veränderung zu haben. Angst ist auf Dauer keine gute Motivation. Sobald sie nachlässt, hört man auf. Nur Spaß ermöglicht die notwendige Ausdauer: das Vergnügen, sich zunehmend zu entspannen und immer wohler zu fühlen, sowie die Aussicht auf ein besseres, das heißt gelasseneres und glücklicheres Leben.

So schaffen Sie es

Indem Sie sich fortlaufend die Vorteile bewusst machen, die ein entspannteres Leben mit sich bringt, und gleichzeitig die Nachteile, die es hätte, würden Sie weitermachen wie bisher, bauen Sie Ihre Motivation auf. Diese müssen Sie von Zeit zu Zeit erneuern, weil unweigerlich Situationen auftreten, in denen Sie sich fragen: »Warum tue ich das eigentlich? Warum bemühe ich mich, meine unsinnigen Gedanken durch solche zu ersetzen, die den Tatsachen entsprechen? Wieso versuche ich überhaupt, dem Buddha (oder einem anderen Vorbild) nachzueifern, indem ich meditiere, nach Weisheit strebe, mir eine Arbeit suche, die mir Spaß macht, mein Verhältnis zu anderen verbessere und mein manchmal destruktives Verhalten durch ein konstruktiveres austausche? Was soll das? Es ist viel zu anstrengend!«

In diesen Momenten des Zweifels und der Unlust müssen Sie sich erneut die Vorteile des neuen Handelns und die Nachteile der alten Gewohnheiten vor Augen führen. Die Pflege der Motivation bleibt eine ständige Aufgabe. Außerdem ist es ratsam, Ihre demotivierenden Gedanken genau zu prüfen. Falls Sie sich sagen: »Das Umlernen ist viel zu anstrengend«, steckt darin ein Gedankenfehler, den Sie inzwischen (siehe Kapitel 3) kennen: Sie übertreiben. Es mag anstrengend sein, aber erstens steht nirgendwo geschrieben, dass es einfach sein muss (muss!), Neues zu lernen, und zweitens können Sie weitermachen, auch wenn es manchmal (!) ein wenig (!) anstrengend ist.

Ein Buch von Neil Postman heißt ›Wir amüsieren uns zu Tode‹. Das scheint mir zwar eine Übertreibung zu sein, aber die Idee, dass alles (!) immer (!) hundertprozentig (!) Spaß machen muss (!), ist mit Sicherheit grundverkehrt. Ich teile nicht die Auffassung, dass Lehrer so etwas Ähnliches wie Entertainer werden sollen, damit die Schüler mal hinter dem Fernseher oder Computer hervorkommen. Lernen ist gelegentlich anstrengend, aber es lohnt sich. Wenn man sich auf Letzteres konzentriert, findet man das Lernen der Mühe wert.

Sie schaffen es, ein entspanntes, glückliches Leben zu führen, wenn Sie eine gute Lernhaltung einnehmen, so wie ich es in Kapitel 7 geschildert habe. Man beginnt nicht als Meister, sondern als Anfänger. Mühelosigkeit ist der Lohn langen Lernens. Zu Beginn ist es leider schwierig. Es ist besser, sich darüber keine Illusionen zu machen.

Achten Sie darauf, was Ihnen durch den Kopf geht, wenn Sie keine Lust haben, etwas Entspannendes für sich zu tun. Sie werden mit ziemlicher Sicherheit einige TICs entdecken, die zu Ihrer Unlust führen. TIC ist die Abkürzung für »Task-interfering Cognition« und bedeutet ein »Gedanke (cognition), der die Aufgabe (task) stört (interfering)«. Mit TICs kann man sich mühelos (!) demotivieren. Einige Beispiele: »Alles, was ich tue, muss einfach sein und Spaß machen. Das Leben ist ungerecht. Ich sollte dies nicht lernen müssen. Ich kann es nicht ertragen, wenn ich dieselbe Aufgabe wiederholen muss. Ich werde nie begreifen, was mit Open Focus gemeint ist. Zum Teufel mit der Kunst, über den Dingen zu stehen.«

Gegen TICs gibt es zwei Mittel: 1. TOCs, 2. Ignoranz. TOC steht für »Task-oriented Cognition«. Damit ist ein Gedanke gemeint, der auf die Aufgabe gerichtet ist, sie also unterstützt, anstatt sie zu behindern wie ein TIC. Das Prinzip kennen Sie aus Kapitel 4. Sie denken das Gegenteil des unsinnigen Gedankens und begründen es. Das geht dann beispielsweise so: »Was ich tue, muss nicht immer einfach sein und Spaß machen. Es gibt kein Gesetz, wonach ich das beanspruchen könnte. Das Leben macht manchmal Spaß (Gott sei Dank!) und manchmal nicht (Pech!).«

Ignoranz ist in der Regel von Übel. Bei TICs allerdings ist sie überaus hilfreich. Sie scheren sich einfach nicht um Ihre Unlust und Ihre unsinnigen Gedanken. Stattdessen legen Sie eine Entspannungs-CD ein und folgen der Anleitung. Oder Sie üben, Ihre irrationalen Gedanken zu widerlegen und durch vernünftige zu ersetzen. Oder was immer Ihnen helfen könnte, gelassener und glücklicher zu werden.

Wann fangen Sie an? Im Zweifel: Heute! Jetzt!

Wo fangen Sie an? Irgendwo! Gehen Sie das Inhaltsverzeichnis durch und suchen Sie sich das aus, was Sie im Moment am meisten anspricht. Blättern Sie im Buch, bis Ihre Aufmerksamkeit an etwas hängen bleibt, was Sie ausprobieren möchten. Schlagen Sie das Buch an einer beliebigen Stelle auf und folgen Sie der nächstgelegenen Anleitung. Morgen können Sie es wieder so machen. Hauptsache, Sie fangen überhaupt an. Es steht Ihnen selbstverständlich frei, systematischer vorzugehen.

Fangen Sie klein an. Beobachten Sie einfach Ihren Ein- und Ausatem für fünf Atemzüge. Zählen Sie mit den Fingern einer Hand mit. Machen Sie das ein paarmal am Tag. Dann erweitern Sie diese Übung auf zweimal fünf Atemzüge. Das ist der Beginn. Verlängern Sie die Zeit nach Belieben.

Wenn Sie unglücklich sind, halten Sie inne. Was geht Ihnen durch den Kopf? Widersprechen Sie Ihren unvernünftigen Gedanken. Finden Sie Gründe dagegen, die Sie überzeugen. Falls Ihnen nichts einfällt, überlegen Sie, was würde Ihr Freund/Ihre Freundin an Ihrer Stelle denken? Was würde er/sie tun? Sie können auch darüber spekulieren, wie der Buddha an Ihrer Stelle handeln würde. Wie würde er es wohl schaffen, gelassener und glücklicher zu werden? Was würde er jetzt als Erstes tun? Nehmen Sie eine Person, die Ihnen als gutes Vorbild dienen kann. Das kann auch Ihre Lieblingstante oder Ihr Opa sein. Entscheidend ist, dass Sie eine konstruktive Idee finden und danach handeln.

Zum Schluss noch ein kleines Schmankerl: Besorgen Sie sich einen kleinen Taschenkalender und schreiben Sie jeden Abend drei Dinge auf, die an diesem Tag gut waren. Es ist erstaunlich, was diese kleine Übung, die von Glücksforschern getestet wurde, an Positivem bewirken kann. Obwohl das Experiment nur einige Wochen dauerte, setzten viele Testpersonen die Übung auch Monate danach noch freiwillig fort. Sie verändert auf subtile Weise das Denken. Vielleicht stellen auch Sie nach einiger Zeit fest, dass Sie optimistischer, glücklicher und entspannter geworden sind.

Ich wünsche Ihnen dabei viel Erfolg!

WENN SIE MEHR LESEN MÖCHTEN

Entspannt leben wie ein Buddha
Lindemann, Hannes: Autogenes Training. Der bewährte
   Weg zur Entspannung. München 2004
   Wenn Sie es mit einem der »klassischen« Entspannungs-
   verfahren, dem Autogenen Training, versuchen wollen,
   sind die Bücher von Hannes Lindemann eine gute Wahl.
   Der Arzt und Autor hat jahrzehntelange Erfahrung in
   der Vermittlung dieser Methode. Er selbst hat sie auf
   spektakuläre Weise getestet, als er den Atlantik in einem
   Serienfaltboot überquerte. Das Autogene Training half
   ihm, mehrere Orkane und zweimaliges Kentern psy-
   chisch unbeschadet zu überstehen.
Jacobson, Edmund: Entspannung als Therapie. Progressive
   Relaxation in Theorie und Praxis. München 2006
   Jacobson ist der »Erfinder« der Progressiven Muskelent-
   spannung. Während sich in Deutschland das Autogene
   Training durchgesetzt hat, ist in den USA Jacobsons
   Methode führend. In seinem Buch können Sie aus erster
   Hand erfahren, wie er diese Entspannungstechnik ent-
   wickelt hat und wie sie funktioniert. Wie so oft gilt auch
   für diesen Klassiker: oft kopiert, nie erreicht.

Alles eine Sache der Aufmerksamkeit
Fehmi, Les; Robbins, Jim: Open Focus Aufmerksamkeits-

Training. Durch Aktivierung des Alphazustands zu Gesundheit und Kreativität finden. München 2008
Eines der besten Bücher zum Biofeedback. Les Fehmi beschreibt anschaulich, wie er den Zugang zum Alphazustand entdeckt hat, die zahlreichen Anwendungsmöglichkeiten sowie die erstaunlichen positiven Wirkungen, die durch regelmäßiges Training möglich sind. Enthält sieben Übungen, eine davon sowie eine weitere befinden sich auf der beiliegenden CD.

Rossi, Ernest L.: 20 Minuten Pause. Wie Sie seelischen und körperlichen Zusammenbruch verhindern können. Paderborn 1993
Rossi beschreibt die verschiedenen Biorhythmen. Sehr anschaulich und abschreckend die zahlreichen Stresssymptome. Das Gegenmittel: alle zwei Stunden 20 Minuten Pause. Muss man sich nicht sklavisch dran halten, aber das Prinzip hat sicherlich Gültigkeit, wie Rossi überzeugend darzustellen weiß.

Meditieren – aber richtig

Davich, Victor N.: Die 8-Minuten-Meditation. Programm für Stressreduktion, Konzentrations- und Lernfähigkeit. München 2005
An diesem Buch gefällt mir, dass Davich nicht gleich mit 20 Minuten beginnt, sondern die Meditation in kleinen Schritten aufbaut und verschiedene Möglichkeiten zu meditieren vorstellt.

Das Denken entspannen

Burns, David D.: In zehn Tagen das Selbstwertgefühl stärken. Wie Sie in zehn Schritten lernen können, Depressionen zu besiegen, mehr Selbstachtung zu entwickeln und die Geheimnisse der Freude im Alltagsleben zu entdecken. Paderborn 2005

Das Buch hat ein paar Nachteile. Es ist eigentlich als Begleitung zu einem Workshop gedacht. Die Übungen am Schluss jedes Kapitels sollen jede Sitzung nach- bzw. vorbereiten. Außerdem ist der Kontext therapeutisch. Sie finden also am Anfang jedes Kapitels Fragebögen, die die Schwere bzw. Besserung der Depressionen, Ängste und Beziehungsprobleme erheben. Für die meisten Leserinnen und Leser wird das nicht passen. Trotzdem beschreibt Burns die typischen Denkfehler und ihre Korrektur so gut wie kaum jemand sonst. Außerdem ist sein Programm wissenschaftlich getestet. Dieses sowie seine anderen Bücher sind geeignet, Depressionen und Ängste ohne weitere Therapie zu mildern oder zu beseitigen.

Ellis, Albert: Training der Gefühle. Wie Sie sich hartnäckig weigern, unglücklich zu sein. Heidelberg 2006

Albert Ellis, der Begründer der rational-emotiven Verhaltenstherapie, gilt als einer der zehn einflussreichsten Therapeuten in den USA. Er hat das ABC der Gefühle formuliert und jahrzehntelang gelehrt. Nicht jeder wird seinen manchmal ruppigen, provokativen und extrem selbstbewussten Stil mögen, aber die Grundgedanken seiner Philosophie kennenzulernen ist ein großer Gewinn.

Das wahre Leben

Hayes, Steven C.: In Abstand zur inneren Wortmaschine.
Ein Selbsthilfe- und Therapiebegleitbuch auf der Grund-
lage der Akzeptanz- und Commitment-Therapie (ACT).
Tübingen 2007
Der deutsche Titel verrät nicht, worum es eigentlich geht.
›Get out of your mind & into your life‹ (Raus aus dem
Kopf und rein ins Leben) heißt das Buch im Original.
Hayes hat eine Methode entwickelt, die das Handeln in
den Mittelpunkt stellt. Die Schwäche seines Buchs liegt
aber gerade darin, dass er sich zu drei Vierteln mit dem
Denken beschäftigt. Die Anleitung zum Handeln kommt
etwas zu kurz. Trotzdem ist die Idee zu begrüßen, etwas
»Abstand zur inneren Wortmaschine« herzustellen.

Die Kunst, über den Dingen zu stehen

Assagioli, Roberto: Handbuch der Psychosynthese. Grundlagen, Methoden und Techniken. Rümlang/Zürich 2004
Obwohl Assagioli bereits 1888 geboren wurde, ist er heute
noch erstaunlich modern. In gewisser Weise kann er als
Pionier der heutigen Positiven Psychologie gelten, weil
es ihm darauf ankam, über die Probleme des Menschen
hinauszublicken und die positiven Anteile zu entwickeln
und zu stärken. Dass er darüber hinaus die spirituelle
Seite der menschlichen Existenz beachtete, ist bis heute
in der westlichen Psychologie unerreicht. Fragen, die
über das Leben hinausgehen, also transpersonale Di-
mensionen berühren, sind dieser jungen Wissenschaft
immer noch fremd.

Giovetti, Paola: Roberto Assagioli. Leben und Werk des Be-
gründers der Psychosynthese. Rümlang/Zürich 2007
Diese gelungene Biographie über Assagioli ist als Einfüh-
rung in sein Werk vielleicht noch interessanter, in jedem
Fall anschaulicher.

Wie der Buddha zum entspannten Leben fand
Armstrong, Karen: Buddha. Berlin 2004
   Ein Buch über das Leben und die Lehre des Buddha.
   Es hat den Vorteil, dass Armstrong keiner bestimmten
   buddhistischen Richtung angehört und sich deshalb
   mehr auf die Fakten konzentriert als auf die Legenden.
Gotama Buddha: Mein Weg zum Erwachen. Eine Autobio-
graphie. Auf der Grundlage des Pali-Kanons herausgege-
ben und gestaltet von Detlef Kantowsky und Ekkehard
Saß. Zürich/Düsseldorf 1996
   Eines der besten Bücher zu Leben und Lehre des Buddha.
   Leider – wie viele gute Bücher – nur noch antiquarisch
   oder in Büchereien erhältlich.
Nyanaponika: Geistestraining durch Achtsamkeit. Die
   buddhistische Satipatthana-Methode. Stammbach 2000
   Wenn Sie ein Buch lesen möchten, das in Sprache und
   Stil sehr traditionell ausgerichtet ist und trotzdem dem
   heutigen Leser noch etwas zu sagen hat, ist Nyaponi-
   kas Interpretation der berühmten Lehrrede des Buddha
   über die Achtsamkeit eine gute Wahl. Der Autor wurde
   1901 in Hanau/Hessen geboren und hieß ursprünglich
   Siegmund Feniger. Für die Festschrift zum 75. Geburts-
   tag Nyanaponikas verfasste Erich Fromm den Beitrag

»Die Bedeutung Nyanaponika Mahatheras für die westliche Welt«.

Lernen: der Schlüssel zur Gelassenheit
Maurer, Robert: Kleine Schritte, die Ihr Leben verändern: KAIZEN für die persönliche Entwicklung. Kirchzarten 2009
Ein kleines Buch, das sehr viel Inhalt hat. Maurer legt überzeugend dar, wie eine kleine Frage, ein kleiner Gedanke, eine kleine Handlung, eine kleine Problemlösung, eine kleine Belohnung und ein kleiner Moment das Leben verändern können; denn die kleinen Handlungen, Problemlösungen und so weiter summieren sich so lange, bis schließlich große Veränderungen sichtbar werden. Zur Erinnerung: Kaizen ist der Weg ständiger Verbesserungen.

Internet-Adresse
www.thomashohensee.de

Hier finden Sie eine Übersicht über meine Bücher sowie mein Angebot zum Life Coaching.